이익이 되는 말

듣는 태도로 대화의 깊이가 바뀐다

손해가 되는 말

가림출판사

聽

이익이 되는 말

듣는 태도로 대화의 깊이가 바뀐다

우메시마 미요 지음 / 정성호 옮김

話

손해가 되는 말

가림출판사

　사람은 누구나 목표를 세우고 그 목표를 이루고자 한다. 그 목표를 이루기 위해서는 내가 말을 해야 할 때도 있고 남의 말을 들어야 하는 때도 있다. 그러나 우리의 주위에서 보면 말을 잘 하는 사람(설득력 있는 사람)이 그리 많지는 않다. 또 많은 사람들이 남의 말을 귀담아 듣지 않는 경우도 있다.

　대화를 주고 받는 대상은 직장동료가 될 수도 있고 상사와 부하 관계일 수도 있고 가족이나 친구가 될 수도 있으며, 비즈니스상 처음 만나는 사람일 수도 있다.

　그러나 대상이 누구든간에, 어떤 목적으로 만나든간에 대화에는 쌍방간에 상호 의사 교류가 있어야 한다. 그래야 그러한 대화를 바탕으로 하여 일이 성사될 수 있다. 특히 세일즈를 하고 있는 사람들의 경우에는 대화술이 무엇보다도 중요하다.

　이 책에서는 말을 잘 하는 것도 중요하지만 다른 사람들이 하는 말을 잘 들어주는 것도 중요한 대화술이라고 강조하고 있다. 따라서 말을 잘 하는 것만이 훌륭한 대화술이라고 생각하고 있는 독자들, 생활 속에서 대화술이 부족하여 어려움을 겪고 있는 사람들이 이 책을 읽는다면 '아하! 대화는 이렇게 하여야 되는구나' 하고 쉽게 공감할 수 있을 것이다.

　아무쪼록 이 책이 말 때문에 곤혹스러워 하는 독자 여러분에게 많은 도움이 되기를 바란다.

2001년 9월

옮긴이　정 성 호

CONTENTS

사람을 만나는 것은
사람을 읽는 것이다

- 만남에서 교류가 생긴다
- 말을 사용하지 않는 발신
- 사람의 평가는 서두르지 마라

만남에서 교류가 생긴다

안녕, 아가야

우리들의 인생은 사람과의 만남에서 시작된다. 상당히 오래 전에 《안녕, 아가야》라는 노래가 열풍을 일으켰었다.

이 세상에 처음으로 찾아온 아기와의 만남을, 엄마가 진심으로 기뻐하는 모습이 전해져서 모두들 즐겨 불렀다.

노래의 가사처럼, 우리들은 비록 친척의 아기라 하더라도 신생아가 탄생한 순간에 새로운 '생명'과의 만남에 감동한다. 가족들은 아기가 태어나기를 기다리다가, "응애~" 하는 소리에 안심하며 새빨간 아기의 얼굴을 보고는 "뭐야, 원숭이를 닮았잖아" 등의 말을 하면서도, 다른 아기들에 비해 이 아기에게 특별한 친근감

을 느끼는 것은 '만남'의 선명하고 강력함 때문이 아닐까?

아이는 그때부터 유년기나 소년기를 가족이나 친척, 이웃사람 등으로 한정된 작은 사회 안에서 자라난다.

한정된 사회 안의 아이라고 해서 만남이나 접촉, 사람과의 교류 기회가 없는 것은 아니다. 오히려 유치원이나 초등학교에서 학부모와 자녀의 면접이나 시험 등 아이 나름대로 많은 사람들과 접촉하는 기회가 있어서, 상대방에게 맞춰서 여러 가지 대화를 해야 한다.

중학교나 고등학교, 대학교 등으로 진학할 때쯤 되면 각양각색의 사람과 만나는 일이 늘어나서 사회에서의 활동 범위가 급격히 넓어진다. 새롭게 친구나 지인이 생기고 다양한 인간 관계 속에서 친구들과의 대화를 통하여 자신을 발견해 나간다. 개성이 조금씩 뚜렷하게 밖으로 나타나기 시작한 동료들 속에서, 자신은 누구인가를 생각하게 된다. 그리고 대학에서는 앞으로의 기나긴 인생을 지탱해 줄 일에 관해서도 생각해 보기 시작한다.

그러한 어린 시절이나 소년 시절에 만난 사람들 중에서 그 뒤에도 교류가 지속되어서 평생의 친구가 되는 상대가 있는가 하면, 성인이 되어 사회생활을 시작해서 일 관계로 만났지만 마음이 맞아서 일을 떠나서 개인적으로 교류가 계속되어 평생의 친구가 되는 사람도 있을 것이다.

　반대로, 계속 만나고 있는 사람인데도 그 이상의 관계로 발전하지 않는 비즈니스 같은 교제도 있다. 그 가운데에는 친한 친구였는데도 오해 때문에 사이가 소원해져 버린 예도 있을 것이다.

　내 친구들 가운데 한 명이 "요즘 아이들은 친구 관계가 희박해서, 우리 아이는 반 아이들 중에 이름을 모르는 아이가 있대" 하고 말했다. 어린 시절에 친구를 사귀는 것도 중요하므로, 실제 사정은 어떤가 해서 앙케트 조사를 해보았다.

　이 조사는 주변의 초등학교와 중학교 학생 15～16명의 대답이므로 하나의 경향을 나타내는 것에 불과하지만 소개한다.

아이들의 인간 관계는 희박?

앙케트 조사의 결과는 다음과 같았다.

1. 반 아이들 전체의 성과 이름을 알고 있습니까?
   □ 네 87%　　　　　□ 아니오 13%

2. 항상 어울리는 사람은 몇 명쯤 됩니까?
   □ 3명 이내 87%　　　□ 5명 이상 13%

3. 학원의 친구와 학교의 친구는 같습니까, 다릅니까?

　　□ 다르다　25%　　　　　□ 대체로 같다　75%

4. 자신들의 그룹은 다른 그룹과 인사를 하거나 이야기를 나눕니까?

　　□ 하지 않는다　25%　　　□ 형편에 따라서　13%

5. 자리를 바꿀 때, 어떤 걱정을 합니까?

　　□ 제비뽑기여서 별 문제 없다.

　　□ 눈이 나쁘므로 잘 보이는 자리가 될까 어떨까 걱정한다.

　　□ 옆자리에 누가 올까 걱정한다.

6. 반 아이들 전체가 힘을 합쳐서 할 일이 있습니까?

　　□ 있다　63%　　　　　　□ 없다　37%

　　만약 있다면, 그것은 어느 때입니까?

　　□ 체육 대회, 합창 대회 등의 학교 행사

인간 관계는 서로간의 정보 발신에서부터

많은 사람들과 만나서 교류를 하면서 우리들은 인생의 지혜나 사고방식, 가치관 등을 배운다. 상대방도 당신을 관찰하여 인품이나 특징을 파악하고 이 사람과는 오래도록 교제를 할까 말까를 결정할 것이다.

이러한 교류가 당신에게 지인, 친구와 같은 소중한 인맥을 만들어준다. 그 사람들은 사업면이나 생활면에서 여러 가지 가르침을 주고, 의논 상대가 되어주는 당신의 귀중한 지적 자산이다.

그러한 타인과의 첫만남이 다정스런 교류나 친밀한 인간 관계로 발전하여 소중한 인맥이 되느냐 아니냐는 그때 쌍방이 느끼는 상대방의 인상, 태도, 분위기, 행동 등에 의해서 결정된다.

사람은 서로 아직 한마디 말도 나누지 않았을 때부터 상대방의 표정이나 태도 등에서 발신되는 신호를 읽고 그 사람이 좋아지거나 싫어지게 된다.

이 좋고 싫은 감정에는 여러 가지가 뒤섞여 있지만, 상대방을 한 번 본 것만으로도 직감적으로 좋고 싫음을 결정해 버리는 사람이 있는가 하면, 올바르니까 좋고 올바르지 않으니까 싫다든가, 왠지 모르게 좋은 사람 같아서 좋고 나쁜 소문이 있어서 싫다든가, 해야 할 일을 하니까 좋고 하지 않으니까 싫다는 등등 선악

이나 당위론을 앞세우고 거기에 맞춰서 상대방의 인상을 결정해 버리는 사람도 있다.

이러한 첫인상의 발신과 수신은 말에 의한 것이 아니기 때문에 발신자는 상대방이 자신을 어떻게 생각하는지 알 수가 없다. 그러나 상대방한테 호감을 샀다든가, 이 사람과는 궁합이 맞지 않는다고 느꼈는지 어떤지 등은 저절로 전해져 온다.

만났을 때의 쌍방의 직감은 대체로 맞지만, 때로는 오해도 있다. 서로 알게 되었을 때, 상대방이 상냥하게 말을 걸어 왔으므로 대화를 즐기며 마음을 터놓았다. '됐어, 좋은 사람이야' 하고 생각하며 재회를 약속하고 헤어졌는데, 제3자로부터 그 사람이 당신의 발언을 불쾌하게 생각했다는 말을 듣고는 아연실색한다. '도대체 나의 어디가 마음에 들지 않았다는 거지?' 그런 의문에 괴로워했던 경험도 있을 것이다.

자신이 발신하는 시그널을 알아두라

제3자의 말을 그대로 믿고 상대방의 자신에 대한 인상을 확실한 것으로 생각하는 것은 위험하지만 자신의 인상, 태도, 분위기, 언동이 상대방에게 어떻게 받아들여지는 경향이 있는지, 자신이 발신하는 시그널(신호)은 어떤 것인가를 알아둘 필요가 있다.

한 번의 만남이 그 후에 신뢰감을 갖는 인간 관계로 발전하느냐 아니냐는 그러한 시그널을 받아들이는 방법과 쌍방의 그 후의 행동에서 기인하는 바가 크다. 어느 한쪽이 상대방에게 적극적으로 나서지 않으면, 모처럼 인연인 만남도 그것으로 끝나게 된다.

어떤 남성이 이런 이야기를 했었다. "남자끼리의 만남은 마치 길에서 두 마리의 개가 서로 노려보는 것과 같다구요. 한쪽이 〈멍멍!〉 하고 짖으면, 다른 쪽은 〈깨갱!〉 하고 짖습니다. 거기서 두 마리의 관계에 승부가 나 버립니다" 이것은 바로 압도당하는 것이 아닐까?

남성뿐만 아니라 여성에게서도 이와 비슷한 광경을 볼 수 있다. 서로 화장, 패션, 소지품 등에 시선을 주고는 상대방에 대한 품평을 한다. 그리고 안심하거나 감탄하거나, 상대방에 대하여 불안을 느낀다.

이와 같이 우리들은 상대방과 무의식적인 시그널의 발신과 수신을 해서 첫인상을 결정하는데, 이것은 논리적이고 설명할 수 없을 만큼 강렬하다. 그러나 만일 나쁜 인상을 받았다 하더라도, 그 뒤의 대화를 조금씩 바꿔 나가는 것은 가능하다. 그것을 가능케하는 것이 바로 뛰어난 대화술이다.

말을 사용하지 않는 발신

언제라도 만남은 목숨을 건 승부

첫만남은 하나의 진검승부, 즉 목숨을 건 승부다. 그것은 순식간에 동시에 직감적으로 행해지므로, 첫만남에서 정확하게 사람을 관찰하고, 사람을 읽기 위한 예리한 안력(眼力＝사물을 분별하는 힘)을 기를 필요가 있다.

중국의 고서에 "귀를 믿고 눈을 의심하는 자는 병을 앓게 되느니라"라는 말이 있다. 이것은 "귀로 들은 타인의 말은 믿어도, 자신의 눈으로 실제로 본 것은 믿으려고 하지 않는 사람이 있다. 이런 경향은 지금이나 옛날이나 똑같다"고 한탄하고 있는 것이다. 요컨대 언어에 의한 인물 평가에만 주안점을 두고, 자신이 눈으로 포착한 인상이나 태도 등의 비언어에 의한 인물 관찰을 소홀히 하는 사람이 많다는 것이다.

말은 어떻게라도 꾸며서 거짓말을 할 수가 있지만, 그 사람의 인상, 태도, 행동, 분위기 등의 비언어, 즉 말에 의하지 않는 시그널이 전하는 내용은 바로잡을 수도 없고 변명할 수도 없다. 본인이 깨닫지 못하는 데도 얼굴에 자연히 나타나게 되므로 '모르는 것은 본인뿐'이다.

자신이 발신하고 있는 시그널이 때때로 말을 배반해서 전혀 다른 것을 전하고 있는 일도 적지 않다.

일본사람은 비언어의 커뮤니케이션을 다른 나라 사람들보다 많이 사용하는 것 같다. 그러나 미국인도 비언어, 즉 논버벌 커뮤니케이션을 열심히 연구중인데 UCLA의 심리학 교수인 A. 말레비안 박사는 『비언어 커뮤니케이션 *Silent Messages*』이라는 저서에서, 사람이 나타내는 호의(好意)의 전달에 관한 연구 결과를 다음과 같이 제시하고 있다.

호의의 총계 = 말에 의한 호의 표현(7%) + 목소리에 의한 호의 표현(38%) + 얼굴에 의한 호의 표현(55%)

이러한 데이터를 보면, 만남에서 상대방이 인식하는 방법이나 자신이 내보내고 있는 시그널이 한층 더 마음에 걸린다. 자신이

발신하고 있는 시그널을 상대방의 반응에서 읽어내는 안력을 몸
에 익히려면 어떻게 하면 될까?

주관을 연마하라

평소부터 친하게 지내고 있는 경영 평론가 오노 쓰토무 씨에게
이것을 물어보았더니 "주관(主觀)을 연마하는 것이 최고"라고 말
했다. "주관을 연마하라고요? 객관이 아니라 주관을 말예요? 어
떻게 하면 그걸 연마할 수 있죠?"

그러자 오노 쓰토무 씨는 이렇게 대답했다.

"우선 자기 나름의 일관된 사고방식을 가져야 하지요. 그리고
만나는 사물과 현상을 관찰하고, 자신의 견해와 현실을 대조하면
서 자신의 주관을 확인합니다. 그렇게 하면, 자신을 다시 볼 수가
있을 겁니다. 그리고 또한 끊임없이 자신을 테스트해서 직감을
예민하게 만들어 나갑니다.

다시 말하면, 누군가의 말을 흉내내는 것이 아니라, 자신의 주
관대로 생각하고, 이래도 되는가 하고 계속 다시 묻는 겁니다. 젊
었을 때부터 그런 노력을 거듭하고, 때때로 자기로서는 생각지도
못한 이견(異見)을 듣고 놀라거나, 상상도 하지 않은 일로 의표를

찔리거나 하면서 계속 생각하는 겁니다"

그리고 덧붙여서 "그러기 위해서는 우선 수많은 사람들과 만나고, 다양한 가치관을 가진 사람들과의 교류를 늘리고, 독서량을 늘려야 하며, 그리고 자신의 직감을 과신하지 말아야 합니다. 타인의 이야기를 듣거나 책을 읽거나 해서 자기 나름의 관찰이나 분석을 하더라도, 그것에 의해서 쉽게 타인에 대한 평가를 내리지 말아야 합니다" 하고 설명해 주었다.

당신의 방위심이 방해가 된다

귀중한 만남을 재회로 연결시켜 나가기 위해서 우리들은 어떤 행동을 취하고 있을까? 부지런히 편지를 쓰거나, 연락을 취하는 적극적인 행동이 도움이 된다. 편지라는 것은 이상하게도 마음을 훈훈하게 만들어 준다.

첫만남, 그리고 두 번째 만남을 서로에게 모두 즐거운 것, 계속할 만한 가치가 있는 것으로 만들려고 할 때 지나친 방위심이나 비평은 방해가 된다. 그러므로 기꺼이 자신을 개방하고, 상대방을 긍정적으로 받아들이고, 상대방의 가치관에 귀를 기울이고, 그 사람이 소중하게 여기는 것을 존중하는 것에서 자연스러운 교

류가 시작된다.

상대방의 의견이나 행동이 자신의 이해를 넘어선 것이라고 하더라도, 부정적인 태도를 취하거나 자신의 견해를 고집하지 말고 상대방을 있는 그대로 받아들이는 당신의 대응이 상호 교류를 기분 좋은 것으로 만든다.

현대는 숨가쁠 정도로 빨리 움직인다. 세계화가 추진되고 있으므로 사람들의 가치관도 다양해질 수밖에 없다. 정치나 경제는 국경을 초월하여 서로 영향을 주고, 사람들은 이웃 마을에 가듯이 외국에 나간다. 다양한 국적의 사람들이 한 직장 안에서 일하는 경우가 많으므로, 타인이 자라난 나라 또는 지역의 생활습관, 각 지방의 문화를 이해하고 존중하는 대화를 하지 못하면 갈등으로 발전하게 된다.

세대간의 사고방식도 차이가 크므로, 20대와 60대는 대화의 내용, 취미, 음식 등이 서로 다르다. 같은 민족 속에서 자라난 우리들은 자신들의 문화가 최고라고 믿고, "이 정도쯤은 상대방이 이해해 주어야 당연한 일"이라고 독선적인 생각을 하는 경향이 있지만, 앞으로는 그것이 통용되지 않게 될 것이다. 첫만남을 상대방과의 따스한 신뢰성을 가진 인간 관계로 만드는 대화로 이끌어 가는 것은 당신이 새로운 정보에 대하여 나타내는 왕성한 호기심이나, 미지의 일에 대하여 순수하게 놀라는 유연성이다.

사람의 평가는 서두르지 마라

사람을 재는 자의 정확성

첫인상으로 그 후 두 사람의 인간 관계의 방향이 정해지는 경향이 있다. 그러나 미리 "저 사람은 이 정도의 인물밖에 안 된다"고 교만한 결론을 내리거나, "이렇게 대하면 기뻐할 테니까" 하고 조작적인 판단을 내리거나, "저 사람하고 함께 일하고 싶지 않아. 좋아질 리가 없으니까 적당히 사귀자"고 간단히 결정해서는 곤란하다. 모처럼의 만남을 살리지 못하는 것은 아까운 일이며, 그 순간에 장래의 진짜 친구를 잃어버릴 지도 모른다.

나는 젊은이들에게 "당신의 30cm자로 1m의 사람을 재지 말라"고 충고한다. 가츠 가이슈는 사이고 다카모리를 "이 인물은 크게

치면 크게 울리고, 작게 치면 작게 울리는 종 같다"고 평가했다.

대인 평가란 상대방을 재는 것인데, 문제는 재는 사람의 자 쪽에 있다.

사람을 관찰할 때 인간이란 미지의 대상이며, 잘 이해할 수 없는 대상이라는 입장에 서서, 끊임 없이 상대방의 심리를 계속 파악해내는 에너지가 진짜 친구를 발견할 기회를 만들어 줄 것이다. 사람에 대한 평가는 즉석에서 내리지 말고 천천히 시간을 두고 내려야 한다.

뉴욕의 저널리스트인 내 친구가 자기 동료한테 다음과 같은 충고를 들었다고 전해주었다.

인물 평론을 쓸 때 그 사람이 갖고 있는 분위기, 표정, 행동, 복장, 말투, 이야기의 내용, 목소리 등등 여러 가지를 취재하고 관찰하고나서 수집한 모든 데이터를 분석·종합한 다음에 원고를 작성했다 하더라도, "그 완성된 원고를 그대로 제출하지 말고 하룻밤 차분히 재워두라구요. 요컨대 당신의 문장을 숙성시키란 말예요" 하고 말했다는 것이다.

내 친구는 그 충고에 따랐다. 그리고 "즉시 결론을 내리지 않고 하룻밤 재워두고서 다시 한 번 처음부터 읽어 보는 과정에서 군더더기 문장도 정리되고 내 자신의 관찰력도 한층 더 연마되었다"는 사실을 깨달았다는 것이다.

임팩트와 존재감

언젠가 미국의 제휴 회사로부터 《휴먼 어세스먼트(=인물 평가 : Human Assessment)》라는 인재의 능력 발견에 관한 연수 자료가 우송되어 왔다. 그 내용 속에 '임팩트(impact)' 라는 능력 항목이 있었다. 그 자료의 해설에는 임팩트란 사람이 상대방에게 주는 인상, 그 사람이 어떤 대화를 하거나 행동을 하기 전이라도 상대방이 무엇인가를 감득하는 특징이나 존재감이고, 동시에 힘이다"라고 설명되어 있었다.

이 말을 알기 쉽게 번역하기 위하여 이것저것 골라내서 품격, 인상, 존재감 등 여러 가지 말을 떠올려 보았지만, 결국 맨 마지막에 '대면(對面) 영향력' 이라는 묘한 신조어를 만들어냈다.

신조어는 대개 사람들에게 받아들여지지 않아서 사라져 버리는 경향이 있지만, 이 말은 다행스럽게도 오래 살아 남아서 사용되고 있다.

대면 영향력은 상대방에게 전해지는 비언어 시그널이지만, 사람들은 그것에 의해서 당신에게 친밀감이나 힘을 느끼기도 하고 반발하거나, 혐오감을 품거나 또는 아무런 영향력도 주지 못한 채 아주 잊혀져 버리는 일도 있을 것이다.

"남자는 40세가 되면 자신의 얼굴에 책임을 져라"고들 흔히 말

한다. 평론가인 오오야 소이치 씨도 "남자의 얼굴은 이력서, 여자의 얼굴은 청구서"라고 표현한 적이 있었다. 남녀가 평등한 오늘날에는 특별히 남자, 여자 구분지어 말할 필요도 없으며, 남성이나 여성 모두 직장인이고 가정을 꾸려나가는 시대이기 때문에 '여자의 얼굴도 이력서' 라고 말해도 괜찮을 것이다.

남성들 중에 아직까지도 여성의 얼굴을 청구서처럼 느끼는 사람이 있을까?

어쨌든 각 개인의 얼굴은 일종의 임팩트를 상대방에게 준다. 다른 사람과 만나서 서로 아직 한마디 말도 안 했지만 그 동안에 쌍방 모두 무엇인가를 감득한다. 그것이 상호 인간 관계를 결정짓기 때문에 '대면 영향력' 은 중요한 능력 항목이다. 그러나 이 능력을 계발시키고 싶다 하더라도 잔 재주의 교육으로는 도움이 되지 않는다. 왜냐하면 대면 영향력은 내면에 있는 인품이 자연스럽게 스며나오는 능력이기 때문이다.

대면 영향력이 강한 사람이 갖고 있는 분위기나 동작의 특징

- 말과 행동이 안정되어 있고 관록과 품격이 있다.
- 자신감에 찬 표정과 시선에 힘이 있어서 다른 사람의 주목을 받는다.
- 포용력이 느껴지고 행동에 여유가 있다.

대면 영향력이 약한 사람이 갖고 있는 분위기나 동작의 특징

　🖐 행동에 여유나 침착성이 없고, 눈을 내리깔거나 몸을 움찔움찔 움직인다.

　🖐 자신감이 없고 표정이나 시선이 불안하다.

이러한 약점들을 개선하려면 어떻게 하면 좋을까?

첫대면에서 인사할 때까지가 승부처라고들 말한다. 누군가와 대면했을 때, 어느 한쪽이 선수를 쳐서 인사를 하고 분위기를 잡는다. 그러니까 우선은 선수를 침으로써 만남의 장의 주도권을 쥘 수 있다.

그리고 상대방을 긍정적으로 받아들이면 좋은 커뮤니케이션을 할 수 있다. 그러한 적극적인 행동이야말로 '대면 영향력'을 높이고, 대화나 의논 방법의 향상에 도움이 될 것이다.

2

당신은
관찰되고 평가된다

- 직장 안에서 관찰하는 사람과 관찰되는 사람
- 지금의 '행동' 에서 장래의 '행동' 을 관찰한다
- 직장 밖에서도 당신은 관찰당하고 있다
- 전직 시대야말로 상황을 진지하게 관찰한다

관찰하는 사람과 관찰되는 사람

면접은 상호 평가의 장

'만남'이나 '접촉' 같은 말을 우리들은 편안한 기분으로 듣는다. 그러나 '의논'이나 '면담' 같은 말이 나오면 자세를 약간 바로 잡는다. 더구나 '면접'이라는 말이 나오면, 채용시의 면접이나 직장에서의 평가 면접을 떠올리고 바로 방위적으로 되는 경향이 있다.

면접하는 사람과 면접보는 사람의 입장을 대립적으로 생각하여 선별자와 피선별자, 평가자와 피평가자, 상급자와 하급자 등과 같이 능동적인 입장과 수동적인 입장으로 나눠서 생각해 버린다.

그리고 상급자가 면접 장을 이끌어야 하고, 채용 면접이나 인사

(人事) 면접에서는 상사에게 주도권이 있으므로 구직자나 부하는 거기에 따라야 한다고 생각한다. 상담(商談)에서는 "고객은 제멋대로 하는 신(神)"이라고 뒤에서 중얼거리면서도, 살 사람으로부터 중압감을 느낀다.

이런 생각이 잘못되어 있다고는 말하고 싶지 않다. 그러나 그런 생각을 버리고, 어떠한 유형의 면접이든 간에 솔직하게 의논이나 대화를 나누는 장이므로 서로 대등하다는 자세로 자연스럽게 임하기 바란다.

요즘에는 사람들의 사고방식이 바뀌어, 채용 면접에서조차 상호 선발하고 상호 평가하는 것이니 서로의 입장은 대등하다고 생각하게 되었다. 이런 불경기 시대에도 구직자는 채용 면접 장에서 '나는 선택되는 입장에 있을 뿐만 아니라 선택하는 입장에도 있다'고 생각하고 있다.

인사 면접을 볼 때에도, 부하는 상사와의 의논 내용에 따라서 그 사람의 리더십의 특징이나 파워를 확인한다. 그 가운데에는 '이정도 되는 상사 아래에서는 장래의 전망이 없다'고 생각하여 전직(轉職)을 생각하는 사람도 있다.

기업의 명성이나 상대방의 직함 등이 아니라 대화를 통해서 느껴지는 상대방의 매력이 취업 결정이나 직장에서 일을 계속하느냐 마느냐를 생각하는데, 이전보다 훨씬 큰 의미를 갖게 되었다.

피면접자가 이와 같이, '면접은 상호 평가'라고 확실하게 생각하게 된 것은 시대의 변화에 의한 것일까 아니면, 고학력자가 늘어나면서 면접자와 피면접자 사이의 지식, 학력, 능력 등의 차이가 줄어들었기 때문일까?

정보 기술의 활용이 활발해져서 의사 전달이 쉬워지면 질수록 인간미 넘치는 교류가 요구되고 있는 탓인지도 모른다.

채용을 위한 면접이나 인사 면접, 상담 면접의 중요성이 확대되면서 그만큼 대화술의 강화가 요구되고 있다.

그 대화도 시대에 맞춰야 하므로 지금은 IT 시대이어서, 얼굴을 마주보고 하는(face to face) 인간적인 대화가 사람들의 마음을 풀어 준다. 전화나 인터넷 차트에서조차 사람들은 그 기회를 될 수 있는 한 인간적이고 마음이 훈훈해지는 것으로 만들고 싶어한다.

일하는 사람은 자신의 꿈이나 가치관에 기초를 둔 생활방식을 추구하고, 자주적으로 캐리어를 쌓아 나갈 계획을 세우고 있다. 지금까지처럼 일에만 매달려야 하거나 기업에만 의존하는 사람은 줄어들고, 자기 자신의 캐리어를 쌓을 수 있는 직장을 구하고 있다.

채용 면접이나 인사 면접 담당자, 또는 상담이나 절충을 하는 사람은 단시간의 면접을 통해서 상대방의 마음속에 있는 소원을 읽는 안력이나, 상대방의 본심을 이끌어내는 대화술이나, 그 사

람의 내면에 잠재하는 가능성을 감지하는 능력이 점점 더 필요하
게 되었다.

채용 담당자의 역량이야말로 평가당한다

중국 속담에 "위에 정책이 있으면 나에게는 대책이 있다"는 말
이 있다. 채용 면접의 경우, 학생은 만반의 준비를 갖추고 "상대
방에게 평가 전략이 있으면, 나에게는 대응 전략이 있다"고 마음
을 가다듬고 단련하고 있다.

면접자는 '남을 관찰하는 것은 자신이 관찰당하는 것'이라고
의식하기 바란다. 관찰당하는 사람들이 본 면접자에 대한 평가는
매우 냉정하다.

채용 시즌이 되면, 거리는 면접을 보러다니는 남녀 학생들로 가
득 찬다. 최근에는 기업들이 취업을 앞둔 학생들에게 인터넷으로
구직 등록을 하도록 권장하고 있는데, 면접을 마친 학생은 면접
상황을 홈페이지의 게시판에 공개한다.

그것에 의해서 각 회사의 면접 상황을 알 수 있고, 학생의 눈으
로 관찰한 면접 담당자의 언동을 알리는 생생한 잡담이 학생들
사이에서 오가고 있다.

이러한 공개된 정보 제공은 핸들 네임이라는 방패막이탓인지, 아니면 피면접자의 연대 의식 때문인지 인터넷은 기업의 사내에서 이루어지는 면접 작업을 일반 공개의 장으로 가지고 들어와 버렸다.

이렇게 되자, 신입사원 채용을 담당하는 사람의 면접술이 기업의 이미지 조성에 중대한 영향을 미치게 되었다. 기업 측에 조금이라도 '채용해 준다' 는 태도나, 대응하는 사원의 차별 의식이 엿보이면 눈치가 빠른 학생은 "선택권은 나에게도 있다"고 말하고 떠나가 버린다.

신입사원이나 중도 채용 담당자들에게 연수를 실시할 때, 이미 내정되어 있는 피면접자역으로 이용하고, 연수가 끝난 후에 그들로부터 면접에 대한 감상문을 받는다. 그것을 읽어 보면, 피면접자의 심리를 잘 알 수 있다. 예를 들어 보자.

학생이 관찰한 면접 담당자

채용 면접은 맞선과 마찬가지로, 뽑는 사람이 동시에 뽑히고 있는 상호 상태이다. 구직자는 기업의 내일의 고객이다. 기업의 경영 전략인 고객의 만족을 위해서는 면접관이 상대방에게 좋은 인

상을 줄 수 있는 대화자로서의 대화술 향상이 중요하다는 것을
학생들의 감상문은 말해주고 있다.

 **좋았던 것**

• 면접관이 상냥하고, 이야기를 듣고 맞장구를 쳐 주었다.

• 이쪽이 말하고 싶은 것을 잘 이해해 주었다고 느꼈을 때

• 이쪽의 경험담을 진심으로 들어 주어서 무엇이든지 말할 수
있었다.

• 면접이라기보다 인생 상담처럼 진지하게 들어 주었다.

 **싫었던 것**

• 부모에 관해서 묻고, 이혼했다는 사실을 알자 갑자기 열의가
없어졌다.

• 성공담은 "과연…" 하고 건성으로 듣고, 실패담은 깊이 파고
들었다. 실패담 쪽이 인물을 알 수 있는가.

• 웨이터나 바텐더 아르바이트를 했다고 말하자 그 일에 구애
되었다.

• 어떤 면접관은 떨어뜨리기 위해서 면접을 하고 있는 것 같았다.

• 아버지가 단신으로 부임했다고 말하자, 면접이 부랴부랴 중
단되었다.

- 남학생에게는 '○○군'이라고 부르고, 여학생에게는 '너'라고 말하는 것이 이상했다.
- 이력서에 쓰여 있지 않은 것을 좀더 물어봐 주기를 바란다.
- 똑같은 질문을, 다른 사람이 몇 번이고 묻지 않기를 바란다.

학생도 이제는 자신이 하고 싶은 말을 다 하므로 담당자는 갖가지 욕구를 가진 다수의 구직자를 면접하는 것이 체력적으로나 심리적으로 피로가 매우 심할 것이다. 그러나 면접자의 언어와 비언어에 의한 대화 능력이 상대방의 기쁨이나 불쾌감의 근원이 되고 있다는 것을 잘 알 수 있을 것이다.

부하는 상사를 어떻게 관찰하고 있는가

인사 평가 면접은 관리자의 일 중에서 가장 중요한 것이다. 부하 한 사람 한 사람의 행동이 만들어내는 성과를 평가하는 것이므로 부하의 지식, 기능, 능력, 일하고자 하는 마음을 정확하게 파악하지 않으면 쌍방 모두에게 불만이 쌓이게 된다.

관리자는 업적 평가 면접을 1년에 2회 또는 그 이상을, 그리고 인사 면접을 1년에 1~2회 해야 한다. 목표 설정이나 달성에 관

한 면접은 다음 연도 개시 2~3개월 전부터 시작해서 1년에 2~3회는 해야 한다. 직장에서 하고 있는 이러한 면접들에 대해서 부하의 불만사항으로 서로 비슷한 것들이 많은데, 그것들을 열거해 본다.

인사 평가에 대한 부하의 불만

• 평가자의 설명이 일방적이고, 주어진 시간을 상사 혼자서 떠들어댄다.

• 목표 달성 수치에 관한 이야기밖에 하지 않는다. 자신의 어떤 능력을 평가하고 있단 말인가.

• 평가는 하지만, 앞으로 어떻게 하면 좋은가에 대한 지도나 조언이 없다.

• 평가 기준을 알 수가 없다. 상사가 기대하는 행동을 확실하게 제시하지 않는다.

• 부당한 평가라고 생각하지만, 이의를 제기해 보았자 별 수 없어서 체념하는 수밖에 없다

• 임시 변통으로 단지 면접만 보고 있는 것 같은 느낌이다.

제도에 대해서는 상사도 불만

• 무엇을 평가하란 말인가. 부하의 능력인가, 업적뿐인가.

- 고위층이나 인사부의 사원 육성 계획안이 무엇인지 제시되어 있지 않다.
- 결국, 연공 서열로 되어 버리므로 젊은 사원들은 풀이 죽어 있다.
- 관리자의 평가와 인사에 의한 사정의 차이가 어떻게 나왔는지 알려 주지 않는다

면접을 마친 부하가 "상사와 속을 털어 놓고 이야기할 수 있었다"고 밝은 표정으로 말한다면 그 상사는 대화 능력이 틀림 없이 뛰어나고, 부하를 편하게 대해주는 관리자일 것이다.

지금의 '**행동**'에서
장래의 '**행동**'을 관찰한다

말투 하나로 '행동'을 읽는다

　부하와 좋은 면접을 하는 열쇠가 되는 것은 부하의 행동을 관찰하는 관리자의 안목의 정확성이다. 부하의 말뿐만 아니라, 무엇을 해 왔는가, 어떤 행동 습관이 있고, 그것이 앞으로 어떻게 활용될 것인가를 판정하는 것이므로 관찰하는 사람도 관찰당하는 사람도 쉬운 일이 아니다.

　이것에 대해서는 현장의 목소리를 들어 보았다. 어느 증권회사 영업과장의 이야기이다.

　그는 부하의 영업 감각은 고객에 대한 호칭으로 알 수 있다고 말한다.

"최근에는 부부가 함께 지점에 찾아오는 경우가 많아졌지만, 거래가 계속되자 그 다음에는 부인 혼자서 지점에 찾아오는 횟수가 늘어났습니다. 저희는 부인 쪽이 과감하게 거래를 하는 일이 많아서 대환영이었습니다.

담당 영업사원이 그 손님과 상담하고 있을 때, 부인 혼자만 오더라도 부인이 맨 처음 지점에 찾아왔을 때처럼 '○○씨 사모님'이라고 계속 부르는 영업사원과 '○○님'이라고 부르는 영업사원이 있습니다.

이 두 사람을 비교해 보면, 후자 쪽이 고객과의 관계를 한층 더 잘 유지해나갈 것입니다. 전자가 둔감한 것인지, 후자가 여성의 자존심이나 자주성을 감지하는 영업 감각이 뛰어난 것인지는 모르겠지만 고객에 대한 호칭 하나만으로도 행동 관찰에 의해서 고객 지향의 능력을 알 수 있습니다"

다른 관리자는 부하의 보고하는 방식과 고객에게 상품을 설명하는 방식은 비슷한 특징이 있다고 말한다. 직장에서 오랫동안 정리가 안 된 보고를 하는 부하와 함께 영업을 해보았더니, 고객과의 상담 내용이 장황하고 핵심이 없었다. 자신은 이제까지 그의 보고를 항상 안달복달하면서 들었지만, 손님도 필시 귀찮았을 테니까 미안하기 짝이 없었다고 했다.

그의 설명이나 보고 요령이 나쁜 것은 방임했던 자신의 책임이

라고 생각했던 것 같다.

행동은 거짓말을 하지 않는다

이 두 관리자의 이야기는 인물 평가의 '현재의 행동은 장래의 행동을 예측한다' 는 기본 개념 그 자체이다. 인물 평가에 관해서는 다음에서 설명하겠지만, 행동을 관찰하여 그 사람이 갖고 있는 능력을 판단하거나, 육성하거나 평가하는 데 유용하게 쓸 수 있다.

♠ 인물 평가(Human Assessment)란 무엇인가

인물 평가는 인재의 능력을 발견해내는 하나의 기법으로서 키포인트는 '현재의 행동은 장래의 행동을 예측한다' 는 것이다. 관찰하고 싶은 「능력 항목(dimension)」이 행동이 되어 나타나도록 설계한 「연습 문제」를 사용해서 여러 명의 관찰자가 대상자의 과제 처리 행동을 관찰하여 기록하고 수집한 행동 예를 각각의 능력 항목별로 강점과 약점을 판정하여, 능력 개발이나 선발의 지침으로 삼는다.

이 기법은 아메리카 전화전신회사에서 1956년부터 D.W. 브레이 박사에 의해서 시작되었고, 일본에서는 MSC (Management Service

Center)가 D.W. 브레이 박사와 W.C. 바이엄 박사가 경영하는 DDI(Development Dimension International)사와 제휴하여 1972년에 소개되었다.

능력 항목은 영어로는 dimension 또는 competency라고 하지만, 이 책에서는 주로 'dimension' 의 명칭을 사용하고 있다.

설명한 바와 같이, 그 사람이 현재 및 과거에 취한 행동은 앞으로도 되풀이될 가능성이 높으므로 앞으로의 행동을 예측하는 데 도움이 된다. 채용 면접을 할 때에도 피면접자의 의견이나 사고 방식에 대해서 질문을 하는 것이 아니라, 그 사람이 취해 온, 또는 지금 취하고 있는 행동을 화제로 대화를 나눔으로써 그 사람의 능력을 구체적으로 파악할 수가 있다.

사람은 사고방식이나 의견 등은 얼마든지 꾸며낼 수가 있지만, 이제까지 취해 온 행동에 대해서는 꾸며낼 수가 없다. 또한 표정과 일치하지 않는 말 등도 주의 깊게 관찰하면, 앞뒤가 맞지 않는 곳이 나와서 거짓말이라는 것을 느낄 수가 있다.

면접자는 자신이 기대하는 말이 되돌아오면, 즐거워져서 자신도 모르게 상대방을 높이 평가해 버린다.

피면접자의 이제까지의 행동을 잘 보고, 그리고 비언어에 의한 발신 내용에도 특별한 주의를 할 필요가 있다.

　무엇보다도 중요한 문제는 면접할 때의 대화에서 피면접자의 거짓말보다는 면접자의 애매모호한 내용의 이야기나 거짓말에 의한 피해이다. 채용 면접이나 인사 면접도 그렇지만, 특히 고객과의 상담(商談) 등에서 사실과 다른 이야기는 서로의 신뢰를 무너뜨린다.

　일부러 거짓말을 하려는 의도는 없더라도, 우리들은 목적 달성에 열중한 나머지 자신도 모르게 이야기를 미화시켜 버린다. 그 기업의 상황, 상품이나 서비스 내용 등 일단 내뱉어진 거짓말은 나중에 황급히 취소하더라도 상대방의 마음에 강하게 남아서, 그 말이 진실과 멀어질수록 상대방의 기분을 크게 상하게 한다.

　채용 면접 등이 일반적으로 잘 꾸며진 사무실이나 장소에서 행해지므로 막상 입사해 보니까 초라한 곳이었다는 등의 불평을 자주 듣는다. "거짓말을 했다"고 응시자로부터 욕을 얻어 먹을 정도는 아니라 하더라도, 현실을 있는 그대로 보여 주거나 이야기해 주는 것이 중요하다.

직장 밖에서도 당신은 관찰당하고 있다

고객도 항상 읽혀지고 있다 – 독인술의 달인은 말한다

유통이나 서비스 분야에서 일하는 사람의 수가 제조업에서 일하는 사람의 수를 웃돌고 있는 오늘날에는 제공되는 서비스의 질을 평가하는 소비자의 눈이 매우 냉엄해졌다.

요즈음에는 기업이나 비영리 단체 모두 '고객 만족'이라는 비전을 내걸고 서비스의 질적 향상을 지향하고 있다.

최근에는 TV에서도 잘못된 매너를 재미있고 날카롭게 풍자하는 프로가 여기저기서 생겼다.

우리들은 생활 속에서 여러 가지 서비스를 이용하고 그 혜택을 받고 있다. 서비스업에 종사하는 사람들이 본 우리들의 언동에

관한 이야기가 재미있고도 웃음이 나오는 것도 있어서 "고객이여, 당신은 읽히고 있다"고 말해 주고 싶어질 정도다.

몇 가지 사례를 살펴보기로 하자.

◑ 택시 운전기사는 독인술의 달인

비즈니스맨은 택시를 자주 이용하는데, 택시 운전기사의 이야기는 어떤 잡지를 읽는 것보다도, 어느 출판사의 광고처럼, '재미있고 유익' 하다. "최근의 경기는 어떻습니까?" 하는 질문에는 "좋지 않습니다"라는 대답이 2000년 봄까지는 판에 박은 듯이 되돌아왔다.

그것이 가을부터는 "슬슬 좋아집니다"가 되더니, "좋은 곳은 좋지요"라는 대답이 되었다. 새로운 세기로 해는 바뀌었지만 이제부터 앞으로 "상당히 좋아졌습니다"라는 대답을 듣게 될지 어떨지가 걱정이어서 되물으면, "좋지 않습니다. 기업이 티켓을 거의 발행하지 않으니까 우리들의 수입이 올라 가지를 않아요" 하고 경기가 풀리는 것은 아직 요원하다는 대답이 돌아온다.

"아저씨는 뒤에 손님을 태우는데 그 사람이 어떤 사람인지 어떻게 분별하세요?" 하고 묻자, 심리학자의 말 같은 대답이 돌아왔다.

"우선은 손님이 목적지를 말하고나서, 그 후 한두 마디 덧붙이는

사람은 이야기하기를 좋아하는 사람이 많으니까 말을 걸어도 괜찮습니다. 반대로 무뚝뚝하게 목적지를 한마디로만 말하는 사람에게는 '알겠습니다' 하고 대답을 하고는, 한참 동안 쓸데 없는 말은 하지 않은 채 관찰을 합니다. 말을 하고 싶지 않은가, 지금 마음속이 복잡한가, 무슨 걱정이 있는가 없는가를 살피면서 잠깐 사이를 두었다가, '어느 길로 갈까요?' 하고 정중하게 물어봅니다.

대답하는 방식을 보고 까다로운 사람인가, 대범한 사람인가, 지금은 그다지 얘기하고 싶지 않다든가 등 여러 가지를 알 수 있습니다. 그러는 동안에 기분이 풀려서 여러 가지 이야기를 하는 사람도 있고, 여전히 무뚝뚝한 태도로 있는 사람도 있습니다. 얼굴은 볼 수가 없기 때문에 대개 그 사람의 말투나 목소리로 판단합니다"

'과연, 택시 운전기사는 보이스 투 보이스(voice to voice) 대화의 달인이구나' 하고 감탄했다.

"대단한 관찰력이네요" 하고 말하면, "어쨌든 등어리는 무방비 상태니까요 사람을 읽어내지 못하면 무섭습니다. 뒤에서 푹 찌르기라도 하는 날에는 끝장이니까요. 죽을 각오를 하고 사람을 관찰합니다"

이렇게 해서 택시 운전기사한테 사람을 읽어내는 요령을 배웠다.

식당의 웨이트리스의 눈은 무섭다

어느 식당의 웨이트리스가 재미있는 이야기를 해주었다.

"여럿이서 들어와 자리에 앉자마자 이제까지 하던 이야기를 계속 큰소리로 하기 시작해서 열중하고 있는 손님에게는 금방 다가가서 '주문은?' 하고 물어보았자 시간만 낭비하게 된다구요. 한바탕 서로 이야기를 나눠서 말투가 조금 느슨해졌을 무렵에 다가가 주문을 받기로 하고 있어요.

그렇지만, 메뉴판을 천천히 훑어보고 동작도 느긋한 분에 대한 대응은 또 다르다구요. 이쪽도 차분해져서 성급한 태도를 취하지 않도록 조심하면서 주문을 또박또박 받아요. 이런 손님은 음료수 외에 빵 종류 등을 주문할 가능성이 높아서 물어 보거든요. 그리고 받침 접시를 놓는 모양이나 음식을 늘어놓는 방법 등에도 신경을 쓰지 않으면 안 된다구요"

"처음 왔는데도 이상하게 허물없는 손님이 있어요. '이렇게 더우면 바쁜가 보지?' 하고 함부로 말을 걸어 온다구요. 적당한 대화는 필요하지만, 그 이상 계속 말을 받아 주면 그 사람의 전속처럼 되어 버려서 다른 손님에 대한 배려가 소홀해지게 되므로 주의하고 있어요"

"주문을 받으러 가도 눈길도 주지 않은 채 냉랭한 목소리로 무뚝뚝하게 '커피' 하고 한마디뿐이고, 고압적인 태도의 손님은 딱 질색이에요. 무표정한 데다가 거만하기 때문에 '뭐가 그렇게 잘났느냐?'고 말해 주고 싶다구요.

그런 사람을 멀리서 관찰하고 있으면 왠지 안절부절 못 하는 모습의 사람이 많아서 넥타이를 자꾸 매만지거나, 물수건으로 얼굴을 문지르거나, 테이블을 닦는 등 허둥대고 있다구요. 혹시나 이 손님은 여성과 만날 약속을 하고, 상대방이 좀처럼 오지 않아서 안절부절 못 하고 있는가보다 하고 지켜보고 있으면, 아니나 다를까 딱 맞아요. 그녀가 오자마자 태도가 돌변해서 싱글벙글 웃으면서 맞이한다구요"

이런 풍경을 웨이트리스는 멀리서 바라보며, "우하하하. 역시!" 하고 짓궂게 즐기고 있는 모양이다.

식당 웨이트리스의 관찰하는 눈은 무섭다.

말은 진실을 전하지 못한다?

미장원에서 일하는 사람들이 다음과 같은 말을 해주었다.

"소지품은 그 사람의 취향을 말해 줍니다. 새로 온 손님을 담당

할 때 말투나 외모, 특히 패션 전체를 봅니다. 온몸을 브랜드 제품으로 감싸고 있는 사람은 헤어 스타일이 까다로운 경우가 많아서 이쪽에서도 조심스럽게 대해요.

그런 사람이라도 머리에서 발끝, 그리고 소지품까지 살펴보면, 때로는 브랜드 센스와는 전혀 다른 물건을 갖고 있거나 입고 있는 사람이 있습니다. 뜻밖의 언밸런스죠.

이런 손님에게는 약간 자유스럽고 여유 있는 헤어 스타일을 해주니까, 매우 기뻐하더라구요. 너무 격식을 차린 스타일보다 약간 변화를 주는 쪽을 기뻐하는 것 같아요"

"'마음대로 해주세요' 하고 말하는 손님이 가장 어렵습니다.

손님의 말을 곧이 곧대로 받아들여서는 안 됩니다. 마음대로 해달라고 해서 열심히 여러 가지 연구를 해서 머리를 만진 다음에 끝손질을 확인해 달라고 하면, '좋아요' 하고 말하면서도 갑자기 머리빗으로 모양을 바꾸는 사람도 있어서 울화가 치밉니다.

'마음대로'라는 말은 '마음대로'가 아니라구요.

말은 진실을 전하지 못하는 것이라고 절실하게 느낍니다. 머리모양을 가지런히 하면서 손님의 표정을 읽고, 동작을 관찰하고, 중간중간에 방해가 되지 않도록 사사로운 질문을 하면서 머리를 매만져 가야 합니다.

기술의 정교함도 중요하지만 손님의 반응을 읽는 방법이 좀더 필요하다고 생각해요"

이러한 관찰은 나도 손님으로서 짚히는 데가 많아서 식은땀이 흐른다.

사람들의 생활이 풍요로워지면서, 소비자가 요구하는 서비스의 질이 점점 더 높아지게 되었다. 고객은 원하는 상품이나 서비스를 손에 넣을 뿐만 아니라, 면접이나 대화의 과정까지 주문을 한다.

개인 고객조차도 그런 엄한 눈으로 상대방을 보기 때문에 법인의 담당자는 상담할 때의 대화나 방식, 면접 태도를 엄하게 보고, 대화능력의 레벨을 정확히 평가한다.

상황을 진지하게 관찰한다

SE(시스템 엔지니어)는 무언으로 회사를 평가한다

IT시대의 선두를 달리는 시스템 엔지니어(system engineer : 조직 공학자)는 클라이언트의 사무실에 한 발을 들여 놓았을 때, 그 회사의 IT에 대한 몰두 자세를 읽어내려고 한다. SE는 애플리케이션(application), 데이터 베이스 설계, 네트워크 엔지니어, PC계 등 직무가 세분화되어 있기 때문에 관찰하는 곳은 똑같지 않다.

예를 들어 네트워크 엔지니어가 고객의 직장을 방문할 경우 바닥의 구조나 배선의 상태에 무의식적으로 눈이 가서, 그 회사의 시스템 개발에 대한 투자 자세를 판단하는 것 같다.

OA 바닥에서 배선이 바닥 아래에 수납되어 있는가, 아니면 벗

겨진 채로 있는가는 SE가 아니더라도 일목요연하다.

그러나 SE는 이리저리 뒤얽힌 배선, 먼지를 뒤집어 쓴 코드, 문어발 같은 배선을 가진 PC 등이 방치된 채로 있으면 누전, 자연 발화, 전원 단절 등을 걱정하여 '괜찮을까? 이 직장에서 근무하는 것은 그만두는 게 낫지 않을까?' 하고 의문을 품게 된다.

이 상태는 그 회사가 네트워크 관계에 적극적으로 투자하고 있지 않으며, 안전에 관심이 낮은 증거라고 생각된다. 그리고 면접을 보기도 전에, 이미 그 회사에서 일할 의욕을 상실하고 있다. 또한 시스템에 대한 회사의 투자 자세는 사용하는 컴퓨터 —— 데스크톱형인가, 노트형인가, 액정 화면을 설치하고 있는가 등 —— 를 보면 알 수 있다.

그리고 자리를 비운 사람의 컴퓨터 화면이 정확히 세이브되어 있는가 어떤가 등도 IT 직장에서 일하는 사원의 비즈니스 매너를 이야기해 준다.

요즈음 '급조된 SE'가 다수 출현해서 간단한 업무 프로그램 정도는 만들고 있지만, 베테랑인 SE가 보면 입력계와 출력계의 항목 분류나 윈도의 표시 장소 등이 여기저기 흩어져 있고, 크기도 각기 다르다.

이런 화면을 보면, 이 회사는 정밀도가 낮은 프로그램을 만들고 있다고 평가하고, 일을 의뢰받아도 조심하게 된다. 그 프로그램

이 정밀도가 낮은 것이라고 하더라도, 그 회사의 사원이 열의를 갖고 개발하고 있는 모습을 알면 협력하고 싶어지지만, 개발비를 절약하기 위해 자사에서 임기응변적으로 하고 있다는 것을 알면 그 일에는 관여하고 싶지 않게 된다.

이런 고객은 자사에서 개발하겠다고 해놓고서는 마지막 단계에서 벽에 부딪히면 일을 의뢰한다. 그 의뢰에 응하면 예상 밖의 노력을 하게 되고, 완성하더라도 프로그램에 일관성이 없으므로 수지가 맞지 않는 일을 한 결과가 되어서 그것이 싫은 것이다.

전직자도 관찰당하고 있다

조직의 구조 조정으로 부득이하게 또는 정년이 임박해서 새로운 직장을 구하든, 어쨌든 중·장년층의 전직(轉職)이 늘어나고 있다. 전직의 이유는 사람마다 제각각이겠지만, 중년이 되고나서 새로운 직장 환경에 친숙해지는 것은 쉽지 않다.

전직자나 중도 채용자는 새로운 직장에서 업무면에서는 이제까지의 직무 지식이나 경험의 축적으로 인해서 뛰어난 노하우를 갖고 활약할 수 있을 지도 모른다. 그러나 이제까지와 전혀 다른 새로운 직장 풍토 속에서, 대인 관계를 원만하게 형성해가면서 익

숙해져 가는 데에는 상당한 노력을 해야 한다.

이런 사람들에 대하여 신랄한 평가를 내리는 사람들은 바로 젊은 여직원들이다. 그녀들은 될 수 있는 한 도와주려고는 하지만, 때로는 불평을 하기도 한다.

- 가끔은 전화 정도는 받아 주어도 좋으련만 ….
- 커피까지 꼬박꼬박 부탁하지 말아요.
- 여자라고 생각하지 마세요. 각자 담당한 일로 눈코 뜰 새 없이 바쁘니까요.
- 자꾸만 차를 끓여 오라고 하지 말라구요, 자판기가 있으니까요.
- 저 말씨, 상사나 고객에게는 정중하게 말하는데, 우리들에게는 윗사람처럼 말한다니까요.

어느 대기업의 중역이 나에게 말했다.

"우메시마 여사, 실각이라는 것은 회사차를 사용하지 못하게 된다는 뜻이라구요." 회사차를 갖지 못한 나로서는 실감이 나지는 않지만, '과연 그렇겠구나' 하고 이해가 된다. 두 번째 직장으로의 전직은 사람에 따라서 괴로운 경우가 많다.

회사에서 중요한 일을 하고 있는 사람 중에는 그가 살고 있는 지역 안에서 존재감을 전혀 갖지 못하는 사람이 있다. 회사라는 조직 사회 속의 규칙에 따라서 매일매일 보내고, 지역에는 단지 잠자러 돌아올 뿐인 정시제(定時制) 사람에게는 거주 지역 사람들과의 평소의 대화도 따분하게 생각된다.

전직이나 정년 등으로 하루를 보내는 환경이 갑자기 변하더라도 지역 사람들과의 교류를 즐기고, 거주 지역에서 인간 관계를 쌓아 나가는 데에는 그 나름대로의 노력과 대화 능력이 필요하다.

요즈음에는 지진이나 태풍, 홍수 등 천재지변이 잊을 만하면 찾아오는 것이 아니라, 잊기도 전에 찾아온다.

갑작스런 천재지변 등으로 어쩔 수 없이 지금까지 살았던 지역을 떠나서 새로운 집단의 일원이 되는 경우가 있을 지도 모른다. 그때 주변 사람들에게 도움을 주고, 신뢰받는 리더십을 발휘하기 위해서는 비즈니스에서 익히고 배운 면접법이나 대화능력이 필요하다.

● 당신은 어떤 지역인입니까?

'멀리 있는 친척보다 이웃 사촌' 이라는 말이 있지만, 이웃들과

의 교제는 직장인이 아니라 하더라도 서먹서먹한 상태에 있는 사람들이 많은 것 같다.

그런데 당신은 어느 정도 지역에 뿌리를 내린 생활을 하고 있는지 다음 질문에 대하여 a, b, c 중에서 하나를 골라 ○표를 하기 바란다.

Q1. 길에서 이웃사람과 만났을 때 어떻게 합니까?

    a. 반갑게 인사를 한다.

    b. 될 수 있으면 얼굴을 마주치지 않으려고 한다.

    c. 누가 이웃사람인지 모른다.

Q2. 지역의 축제가 시작되었습니다.

    a. 대개 찾아가 본다.

    b. 모르는 사이에 끝나 버리는 일이 많다.

    c. 관련되는 것을 피한다.

Q3. 지역에는 구의회나 자치단체, 상가회, 아파트 관리 조합, 사친회(PTA) 등의 단체가 있습니다. 당신은 그러한 단체의 회합에 참가하고 있습니까?

    a. 임원을 맡는 일도 있고, 회합에는 자주 참석하고 있다.

    b. 어쩔 수 없을 때에만 참석한다.

    c. 이름뿐인 회원으로 참석한 적이 없다.

Q4. 지역에는 자원봉사자가 있습니다. 당신은 어떤 자원봉사 활동을 하고 있습니까?

    a. 적극적으로 활동하고 있다.

    b. 언젠가 시간이 나면 참가하려고 생각하는 활동이 있다.

    c. 지역에 무슨 활동이 있는지 모른다.

Q5. 구의회 의원을 선출하는 선거에 관심이 있습니까?

    a. 관심을 갖고 항상 투표하러 간다.

    b. 투표하러 가지 않을 때도 많다.

    c. 대개 포기한다.

자아, 당신은 몇 점입니까?

(　　) 안에 a, b, c 각각의 ○표 수를 넣어서 계산해 주십시오.

> [a(　)×2점]+[b(　)×1점]+[c(　)×0점] = 당신의 점수

♣ 0~3점 : 전혀 〈지역인〉이 아니다 … 지역과의 관계가 한없이 엷은 당신. 파트너에게 전부 떠맡길 수는 없을까요? 가장 가까운 곳에서 지역인으로의 첫발을 내딛기 바랍니다.

♣ 4~7점 : 적당히 〈지역인〉 … 지역에 관심을 가지면서도 도망치는 당신. 당신이 지역에서 멀어져 있는 원인은 무엇일까요?

♣ 8~10점 : 대단히 〈지역인〉 … 지역에 충분히 뿌리를 내린 생활을 하고 있습니다. 하지만 설마 지역의 유지 자리에 안주하고 있는 것은 아니겠지요?

출전 : (재)도쿄 여성 재단, 『젠더 체크 워크북』(지역 · 사회생활편)

3

듣는 태도로
대화의 깊이가 바뀐다

- 커뮤니케이션에 마음을 실어라
- '공감심'을 단련하라
- 대화로 마음을 열어라

커뮤니케이션에 마음을 실어라

업무의 대부분은 '대화' 다

　직장에서는 전화, E-메일이나 인터넷의 발신과 수신, 명령을 받거나 보고, 방문객에 대한 응대, 서류 정리, 업무 지도, 상품의 수주나 공급, 상담, 회의나 출장 등 갖가지 업무가 있는데, 그것은 모두 대화를 통해서 진척된다.

　사무실은 회사 안팎의 사람들이 대화나 면담을 하는 장소이다.

　대화의 내용은 소속되어 있는 직장이나 지위, 직무 내용 등에 따라 다르다. 인사부라면 채용이나 인사 면접이 많을 것이고, 직장의 관리자나 리더는 목표 관리나 업적 평가, 승진이나 승격의 선정, 부하의 육성이나 능력 관리 등 수많은 지도 면접을 처리해

야 된다. 영업사원은 상품이나 서비스의 설명, 고객 정보의 수집이나 상담, 상품의 접수나 배송 등 대인 업무가 많아서 뛰어난 대화술이 실적에 큰 영향을 준다.

만남에서 결실이 있는 대화나 면접으로 진전시켜가기 위해서는 이야기하는 사람, 듣는 사람의 풍부한 감수성이나 마음이 통하는 대화를 하고 싶다는 정열이 없어서는 안 된다.

상대방의 신뢰를 얻고, 쌍방이 교류에 만족감을 갖기 위하여 대화의 기본이 되는 개념과 커뮤니케이션, 그리고 대화를 심화시키는 상호 교류에 대해서 생각해 보기로 하겠다.

신뢰를 만드는 상호 교류

히토츠바시 대학의 미나미 히로시 명예 교수는 『사회심리학』이라는 저서에서 "커뮤니케이션이란 사회생활을 영위하는 인간들 사이에서 행하는 사상의 교환이다. 그 중재를 해주는 것은 반드시 말에 한정되지 않고 시각, 청각에 호소하는 것이라면 무엇이라도 좋다"라고 말하고 있다.

대화는 1 대 1의 개인 커뮤니케이션이기 때문에, 보내는 사람은 우선 대화의 목적에 따라서 이야기를 시작한다. 그때 말과 함께

표정이나 태도, 복장이나 동작 등이 상대방에게 자극을 주어서 어떤 시그널을 보내는 것은 미나미 히로시 교수의 말대로이다.

작용하는 쪽과 받아들이는 쪽이라는 입장은 고정적인 것이 아니라 이야기의 진전 상태에 따라서 입장이 바뀌기 때문에, 대화를 훌륭하게 진전시키는 데에는 상대방으로부터 어떤 반응이 돌아왔는가, 그것에 대하여 상대방을 만족시킬 수 있는 반응을 돌려보내고 있는가를 똑똑히 확인하는 것이 중요하다.

의논에서는 커뮤니케이션이 전달 수단이 되지만, 거기에 상호 교류라는 심리 작용이 더해져서 상호 이해나 교류가 한층 더 효과적인 것이 된다.

상호 교류라는 말의 의미는 누군가와 누군가 사이에의(inter) 행동(action)에 의한 상대방에 대한 작용이 행해지는 것을 뜻한다. 거기에 반응하는 반작용이 있다. 그것이 몇 번이고 되풀이되어 보다 깊이 서로를 이해하게 되는 것이다.

우리 회사에서 기업의 교육에 활용하고 있는 상호 교류 프로그램은 미국의 DDI사가 개발한 것으로, 이미 일본의 많은 기업에서 실시해 왔다.

프로그램의 내용은 상사와 부하, 고객과 회사 안의 응대자, 또는 동료들 사이에서 일어난 문제를 해결하기 위하여 의논 능력을 향상시키는 것을 목적으로 하고 있다.

사람들이 대화를 할 때 서로 감정의 교류 없이 표면적인 말이나 정보의 전달에만 머무는 일이 없도록, 상대방의 감정이나 관심사 등에 반응해 나가는 것이 이 상호 교류의 목표이다.

우리들은 정보를 보낼 때에는 말뿐만 아니라 행동, 태도, 그 밖의 모든 시그널을 사용해서 상대방에게 작용한다. 상대방은 그것을 받아들이고, 자신의 반응을 될 수 있는 대로 솔직하게 표현하려고 한다.

그러한 교환을 되풀이하고 있는 동안에, 서로간에 '정보의 공유화', '상호 감정 이해'가 생겨나게 된다. 그리고 제시된 문제에 대하여 함께 해결하려고 하는 협력 체제가 만들어지면, 바로 상호 교류에 의해서 직장이 한층 더 생산적으로 된다.

지점장 부인으로부터의 전화

어느 유통 관련 대기업의 지점장들을 대상으로 상호 교류 능력의 연수를 했을 때의 일이다. 3일간의 연수를 마치고 지점장들은 집으로 돌아갔다.

그 다음 날, 인사연수부에 어느 지점장 부인으로부터 "이번에

는 어떤 연수를 하셨나요? 남편의 태도가 너무나 바뀌어서 깜짝 놀랐어요. 이제까지 '밥, 목욕물, 자자'는 말밖에 하지 않았던 사람이 연수를 마치고 집에 돌아온 후부터는 어찌된 일인지 위로를 해주거나, 나하고 아이의 이야기를 관심을 가지고 들어 주고 반응을 하는 거예요"라고 하는 감사의 전화가 왔다.

이 '밥, 목욕물, 자자' 씨는 사실은 다정스런 사람이었을 것이다. 연수를 받기 이전에도 대화의 필요성을 깨닫고 있었겠지만, 그것을 가족, 특히 아내에게 알린다고 하는 자기표현이 멋쩍어서 하지 못했을 것이다. 연수를 받은 후 집에 돌아가서 지점장은 상대방의 말이나 행동에 능동적으로 반응하거나, 자기 쪽에서 상대방이 응하도록 적극적으로 유도해서, 상호 교류를 하는 대인 능력을 집에서 실천했던 것이다.

인사부의 사람으로부터 이런 이야기를 들으니까, 연수자 여러분, 정말 과분할 정도로 고마움을 느낀다.

듣는 사람의 마음을 사로잡는 상호 교류

상호 교류의 기본이 되는 개념은 다음의 3가지 항목이다.

① 상대방의 자존심을 존중하라.

② 상대방의 이야기를 공감하면서 들어라.
③ 문제 해결에 상대방의 협력을 얻어라.

이 항목들은 대화자가 서로 자기표현을 해나가는 과정을 이끌어낸다.

"상대방의 자존심을 존중하라"에서 자존심이란 self-esteem의 번역어이다. 우리들은 자존심이라는 말을 흔히 사용하고 있지만, 이 말은 과연 많은 사람들에게 똑같이 이해되고 있을까?

연수를 하러 온 수강생들에게 이 말과 같은 의미의 일본어를 말해보라고 하였더니, 거의 모두가 "프라이드"라고 대답했다. "영어가 아니라 일본어로 대답하라"고 다짐을 했더니, "자신감, 자부심" 등의 말이 나왔다. 개중에는 우월감이라든가 자만심이라고 대답하는 사람도 있어서, 나는 그런 의미로 이 말을 해석하지 않았으므로 깜짝 놀랐다. 자존심이라는 말은 좋은 의미로도, 그리고 나쁜 의미로도 사용되고 있는 것 같다.

이 이야기를 어느 심리학자에게 했더니, "자존심이라는 말은 번역어니까, 그에 해당하는 일본어가 여러 가지로 나오는 것은 무리가 아니지요. 자존심을 소중히 하는 것은 그 사람이 소중히 하는 것, 즉 그 사람의 가치관 등을 존중하는 것입니다" 하고 설명해 주었다.

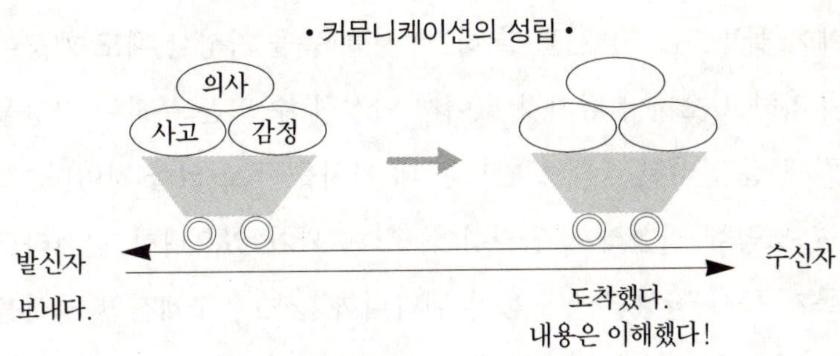

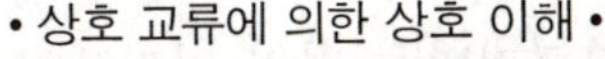

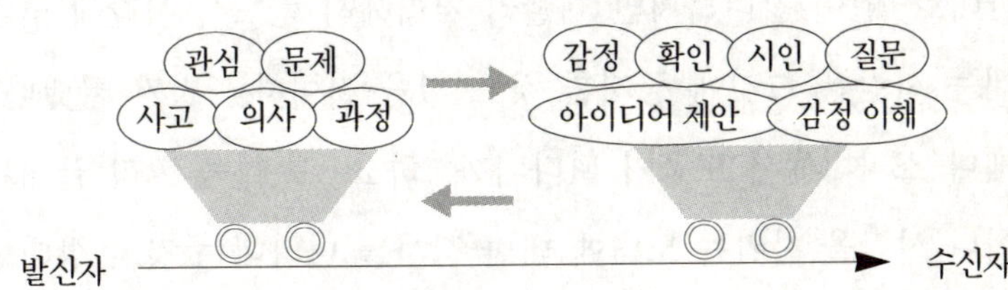

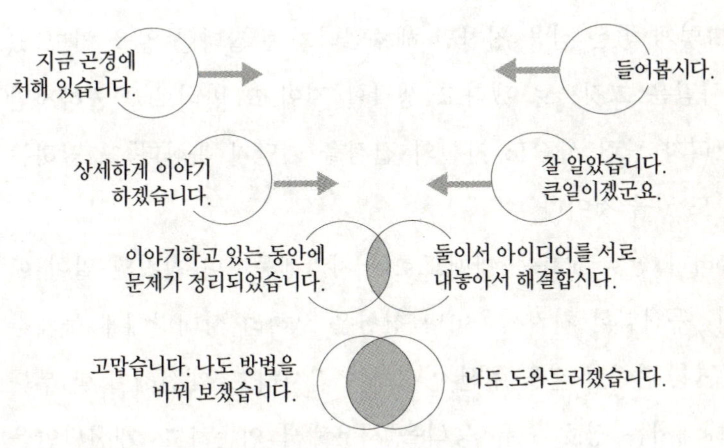

【커뮤니케이션과 상호 교류의 차이】

　예를 들면, 정리정돈을 잘 하고, 서류 등을 작성할 때도 깨끗이 마무리하고 오자나 탈자가 없어서 안심할 수 있는 부하는 직장을 그렇게 잘 정리된 상태로 만드는 데 가치를 두고 있을 것이다. 그러한 노력을 확실하게 인정하여, "○○씨가 있으니까 언제라도 서류가 즉시 작성되서 도움이 된다니까" 하고, 구체적인 사실을 들어 칭찬하는 대화가 바로 상호 교류인 것이다.

　반대로, 일이 잡다하지만 재빨리 처리해서 반드시 시간에 맞춰 끝내는 사람은 그것에 긍지를 갖고 있을 것이다. "벌써 끝냈나? 언제나 스피디해서 도움이 된다니까" 하고, 그 일을 빨리 끝내는 것이나 시간을 지키는 노력에 대한 감사를 나타내는 것이 상대방의 자존심을 높여 준다.

　"그렇게 좋은 점을 칭찬만 해주었다가는 잡다한 일을 하고 있는 사람은 그것으로 됐다고 생각할 것이고, 반대로 꼼꼼하지만 일처리가 느린 사람도 자신의 결점을 깨닫지 못한다"고 말하는 사람도 있을 것이다.

　그러나 상호 교류는 애매모호한 치켜세움이나 칭찬의 말이 아니다. 무책임한 치켜세움이나 칭찬은 오히려 상대방에게 불쾌감을 준다. 뛰어난 점을 우선 인정하여 감사하고, 개선해야 할 부분에 대해서는 상호 교류 능력을 사용해서 의논하고, 개선방안을 둘이서 협력하여 생각해 나간다.

'공감'과 '동감' - 비슷하지만 다른 것

"상대방의 말을 공감하면서 듣는다"의 '공감(共感)' 이라는 말은 이해하기 어려운 말이다. 사전을 찾아 보면, '감정 이입' 이라고 되어 있으므로 상대방과 똑같은 감정이 되는 것이라고 생각하기 쉽지만, 그렇지 않다.

공감은 영어로는 empathy인데, 공감한다는 것은 상대방과 똑같은 것을 경험하고 같은 감정을 맛보는 것이 아니다. 자기에게는 그런 경험이 없지만, 상대방이 그런 상황 속에서 그런 체험을 했다면 그런 감정을 품는 것은 무리도 아니라고 생각하고, 만일 내가 같은 입장에 있었다면 나도 똑같이 생각할 것이라고 상대방의 감정을 이해하고, 시인하고, 그것을 상대방에게 자신의 말로 전하는 것이다.

공감은 동감(同感)이나 동정, 동조 같은 말과는 의미가 다르다. '한 가지 동(同)' 자로 시작되는 동감, 동정, 동조 같은 말은 자신도 상대방과 같은 체험을 하고, 과거에 같은 감정을 맛본 적이 있기 때문에 상대방의 감정을 이해할 수 있다고 전하는 것이고, 공감은 자기에게는 그런 경험은 없지만 상대방의 감정을 잘 이해할 수 있고, 무리도 아니라고 전하는 것이다.

공감과 동감이라는 두 말의 차이를 내가 구체적으로 이해했다

고 느낀 것은 어느 영업담당자들의 대화에서였다.

상대방을 '이야기의 주역'으로 만들어라

어느 기업에서나 신입 영업사원에게는 선배를 동행시키는 일이 많은데, 나의 회사에서도 그렇게 해왔다. 선배와 며칠 동안 동행 영업을 시킨 후, "오늘부터 혼자서 돌아라" 하고 신입사원을 내보낸다. 얼마 안 되는 기간 동안이라도 지도역이 되면 상대방에게 정이 생겨 선배는 신입사원이 돌아올 때까지 안절부절 못 하면서 기다린다. 그러다가 신입사원이 들어오면 손을 붙잡고, "어떻게 됐어?" 하고 물었다.

마침 그 자리에 있던 나는 그 과정을 지켜보고 있었다.

신입사원은 잘되지 않았다고 풀이 죽어 있었다. 오늘 하루의 활동에 대해서 선배가 묻자 그는 "선배님, 회사의 접수처에는 여자가 앉아 있더라구요. 저는 큐슈 태생이라서 여자에게 스스럼없이 이야기를 하거나 인사를 하는 것이 서툴러서, 회사를 몇 바퀴 돌다가 그만둬 버렸어요" 하고 말했다. 아무튼 시골 출신에다가 시대에 뒤떨어진 영업사원이지만, 선배는 "알았어, 알았다니까. 나도 대기업의 접수처에 있는 여성에게는 기가 죽으니까 잘 안다

구. 하지만 언제까지나 그렇게 말할 수만은 없는 거야. 그럴 때 나는 말야…" 하고 대응책을 가르쳐주기 시작했다.

신입사원은 처음에는 고개를 끄덕이면서 듣고 있었지만, 차츰 표정이 시큰둥해졌다. 아마도 설교를 듣고 있다고 생각했을 것이다.

선배는 신입사원의 괴로운 감정을 좀더 끌어내고 들어주어서, 신입사원을 '이야기의 주역'으로 만들어야 하는데도, 그만 대책이나 충고를 하는데 열중해 자신이 이야기의 주역이 되고, '듣는 사람'이 아니라 '이야기하는 사람'이 되어 버렸던 것이다.

나도 똑같은 잘못을 저질렀다.

신입사원이 내일 써야 할 강의 자료를 밤 늦게서야 만들어 왔으므로 "이젠 퇴근해. 그 정도로 철저히 준비하면 괜찮아. 집에 가서 일찍 자고, 내일은 상쾌한 기분으로 일어나서 머릿속에 남아 있는 정보만으로 또박또박 강의를 하면 된다구. 준비한 것을 전부 이야기하려고 하면 장황스러워져서 초점이 흐려지거든" 하고 말했다.

그러자 신입사원은 "선배님이라면 그렇게 할 수 있겠죠. 저는 그렇게 할 수가 없으니까, 제가 이해할 수 있을 때까지 일하고 갈께요" 하고 반론을 제기해서, '과연 그렇겠구나' 하고 생각했다.

상대방으로 하여금 자신의 감정을 충분히 이야기하게 해서, 그 괴로움이나 노력하고 싶은 마음을 이해하고 인정해 주는 과정을 생각하고, 성급하게 내가 갑자기 충고를 해주려고 했기 때문에 쓸데 없는 참견이 되어 버렸던 것이다.

대화를 조립해라

상대방의 자존심을 존중하고, 공감하면서 듣는 것 등 상호 교류의 3가지 개념 중에서 2가지 개념에 대해서는 이미 설명했다. 마지막 개념인 '문제 해결에 상대방의 협력을 얻어라'는 항목에 대하여 설명하겠다.

이것은 직장에서 생긴 업무상의 문제나 인간 관계의 뒤얽힘, 때로는 상대방의 태도나 문제된 행동을 해결할 때의 사고방식이다.

관리자나 리더는 그럴 때, 앞서서 설명한 두 가지 개념을 사용하면서 상대방으로부터 아이디어와 지혜를 얻어 문제를 해결하기 위해서 협동하는 것이다.

상호 교류를 사용하여 대화를 조립할 때의 포인트가 있다.

대화의 내용이 구체적인가 추상적인가, 긍정적인가 부정적인가, 그리고 그 4가지 항목이 어떻게 짜맞춰져 있느냐가 중요하다.

대화를 주고받는 방식에는 다음 네 종류가 있다.

- 긍정적이고 구체적인 대화법
- 긍정적이고 추상적인 대화법
- 부정적이고 구체적인 대화법
- 부정적이고 추상적인 대화법

이것에 대하여 다음에 자세하게 설명해 보기로 하겠다.

◗ 긍정적이고 구체적인 대화법

긍정적이고 구체적이라는 것은 이야기하는 사람의 말이나 감정을 긍정하고, 상대방의 말 속에서 구체적인 내용을 골라내서 대화하는 것을 말한다. 이야기하는 사람은 자신의 이야기를 들어주었으며, 기분도 이해하고 인정해 주었다고 안심한다.

듣는 사람이 대답하는 말의 예를 들어 보겠다.

"자네가 채용 면접을 담당해 온 경험에서, '우리 회사의 면접자의 평가 기준은 제각각이어서 곤란하다. 어떻게 좀 해보고 싶지만, 그 중요성을 생각해 주지 않아서 곤란하다' 는 이야기는 잘 알았네. 확실히 그래서는 일을 하기가 어렵고, 면접 결과가 공정하지 않게 되지. 좀더 상세하게, 그 제각각이라고 생각하는 현상에 대해서 이야기 좀 해주게. 현재의 평가 기준을 재검토해볼 필요가 있을 걸세. 좋은 제안을 해주어서 고맙네"

이런 식으로 받아들여 준다면, 이야기하는 사람의 자존심이 크게 고양된다.

긍정적이고 추상적인 대화법

이것은 상대방이 말하는 것을 긍정하는 것이기 때문에 대화는 점점 더 잘 진행된다. 그러나 이야기하는 사람이 지적하고 있는 문제를 듣는 사람이 구체적으로 받아들이지 않으면, 서로를 충분히 이해하지 못하게 된다. 모처럼 열의를 담아서 이야기하고 있는데, "역시 경험자의 이야기는 귀중한 거야. 크게 참고가 되었네. 이 다음에도 뭔가 깨달은 것이 있으면 말해 주게나" 하고 대답하면, 그 대답으로 만족하는 사람도 있을지 모르지만, 대부분의 사람은 허탕을 치거나 가볍게 취급당했다고 생각할 것이다. 그리고 그 다음부터는 제안 같은 것을 안 하게 될 지도 모른다.

부정적이고 구체적인 대화

이 대답은 자신의 의견을 거부당하는 것이므로 이야기하는 사람은 기분이 안 좋다. 그러나 듣는 사람이 이야기의 요지를 구체적으로 파악하고, 그 이야기나 제안을 실행하지 못하는 이유를 구체적으로 확실히 이야기하면 이야기하는 사람은 납득하게 된다.

　예를 들면, "면접자의 평가 기준을 일치시키지 않으면 불공정하지. 현재는 그것이 제각각이어서 곤란하다는 자네의 이야기는 잘 알겠네. 그러나 지금 당장에는 대응할 수가 없네.

　실은 일전에, '우리 회사가 요구하는 직원상'을 명확히 하기 위해서 프로젝트 팀을 만들어 연구를 하고 있는 단계일세. 그게 완성되는 대로 채용 담당자들을 불러 모아서 면접 기준을 만드는 의논을 하려고 하네. 그 회의에는 자네도 참석해 주게. 모두 의견을 내보세.

　일이 늦어져서 모두에게 폐를 끼쳤지만, 자료가 완성되는 대로 즉시 배포할 테니까 도착하면 잘 읽어봐 주기 바라네. 면접 담당자 모두에게 이 사실을 좀 전해 주게"

　이와 같이 이야기하는 사람의 이야기를 듣고 인식해서 지금 할 수 없는 일, 하려고 하는 일 등을 긍정과 부정으로 확실하게 전하면, 이야기하는 사람의 불만도 해소된다.

부정적이고 추상적인 대화

　이것은 이야기하는 사람에게 아주 불쾌한 대화이다. 자신의 의견을 거부당하고, 그 이유도 납득할 수 없는 것이라면 분위기가 깨진다.

　예를 들면, "자네의 의견은 잘 알겠지만, 면접자가 여러 명인

경우에는 그렇게 간단히 평가 기준의 통일을 도모할 수가 없다네. 그런 이야기를 하면 아무도 면접 담당을 하지 않게 될 걸세. 지금도 부탁해서 겨우 머릿수를 채우는 게 고작이라네. 모두 다 베테랑이어서 곤란하다니까" 하는 식으로 받아들인다면 어떻게 되겠는가. 이야기하는 사람은 이런 상황논리주의자하고는 상대도 하고 싶지 않아져서 마음이 떠나 버린다.

'공감심'을 단련하라

공감을 나타내는 대화를 하는 것은 의외로 어렵다. 다음의 2가지 연습 문제를 풀어 보기 바란다. 발언을 어떻게 인식하면, 상대방은 '이해해 주었다, 공감해 주었다'고 생각할까? 이야기하는 사람에 대한 반응은 각각 3가지씩이다. 어느 반응이 가장 공감하는 반응일까?

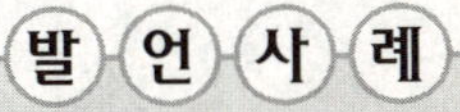

♠♠♠

"과장님, 저를 다나카 팀에서 빼 주십시오. 이젠 참을 수가 없다구요. 팀장은 제가 90% 정도 마무리지은 일을 아무 설명도 없이 젊은 야마다 군에게 넘겨 주라고 합니다. 그리고 저에게는 또 다른

반응 A

"팀장은 자네를 생각해서 그렇게 한 걸세. 그리고 자네가 무슨 일이든 혼자서 하지 말고, 야마다 군을 키워 주기를 바래서 그렇게 했을 걸세. 이제 자네 정도의 베테랑이 되면, 그런 입장이 되는 거라네. 나도 자네 정도 되었을 때 똑같은 일을 당하고 화를 냈지만, 자아, 화내지 말게. 다른 새로운 일에 나서는 것이야말로 자네의 능력을 한층 더 신장시킬 기회가 아니겠나?"

반응 B

"자아, 그렇게 화내지 말게. 그 기분은 잘 알겠네. 팀장은 자네가 거기까지 마무리지었으니까 이젠 괜찮다, 그 뒤는 야마다 군이라도 할 수 있으니 걱정 없다고 생각한 걸세. 자네에게는 야마다 군을 육성시키기를 바라고 있잖은가. 그만큼 자네는 신뢰받고 있는 거야"

반응 C

"모처럼 자네가 처음부터 해온 일을 마지막 부분만 야마다 군에게 넘겨 주라고 했단 말이지. 그리고 자네는 마지막 마무리가 잘될 지 어떨 지가 걱정되니까, 어차피 자네가 마무리하고 싶단 말이지. 게다가 새로운 일을 처음부터 시작하라고 팀장이 말하지만, 넘겨 준 일을 고쳐주는 일은 또 자네에게 돌아올 것이라고 걱정된단 말이지.

자네의 기분은 알겠네. 또 실망하고 있는 것도 이해할 수 있네. 그런데 팀장은 왜 그런 말을 자네에게 했을까? 자네는 어떻게 생각하나?"

▶▶▶ 발언 사례와 그 반응

반응 A는 "리더는 자네를 생각해서 그렇게 한 걸세…", "자네 정도의 베테랑이 되면…" 등 언뜻 보기에 상대방의 기분을 배려하고, 상대방을 존중하고 있는 듯한 인상을 준다. 그러나 90% 정도 마무리한 일을 설명 없이 넘겨 주라는 말을 들은 담당자의 분한 기분이나, 마지막까지 완성하고 싶다는 생각에 대하여 공감을 나타내는 구체적인 말이 없다.

자신도 젊었을 때에 똑같은 상황에 처한 때가 있으며, 할 수 없으니 단념하라는 것은 일방적인 발언이다. 이야기하는 사람은 자신의 의견을 가볍게 다룬다는 인상을 받게 되지 않을까?

　반응 B는 일의 마지막 부분만을 신입사원에게 넘기라는 말을 듣고서, 불쾌한 상대방의 기분을 긍정적으로 인식하고 있다. 그러나 상대방의 말을 되풀이하는 것만으로 감정을 요약하는 점이 좀 부족하다. 상대방이 자신의 이야기를 들어 주었다, 기분도 이해해 주었다고 확실히 인식하게 만드는 것이 중요하다.

　그 상황에 대하여 과장은 왜 그렇게 말했는가, 이야기하는 사람은 어떻게 생각했는가 등등 상대방과 함께 문제를 파고 들어야 했다. 듣는 사람은 자신의 결론을 서두르고, 담당자의 감정을 달래는 것만으로 끝내 버렸다.

　반응 C는 이 3가지 중에서 가장 좋은 대답 예일 것이다. 상대방의 이야기 속에서 구체적으로 말을 선택하여 내용을 정리하고 대화를 시작하고 있다. 내용을 정리하여 되풀이해서 상대방에게 전함으로써 공감하면서 듣고 있다는 것을 이야기하는 사람이 알고 불만이 해소된다.

　그리고 이야기하는 사람은 자신의 의견을 질문 받음으로써, 과장이 발언의 배경에 있는 이유를 새삼스럽게 문제로 삼아 주고, 자신의 감정이나 발언을 소중하게 받아들였다고 느낀다. 또 함께 생각해 보자는 듣는 사람의 자세에 의해서 자존심이 살게 된다.

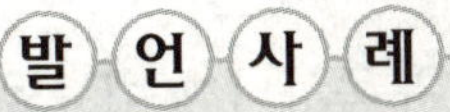

♠♠♠

어느 화장품 회사의 판매원의 불평이다.

"과장님, 제 말 좀 들어 보세요. 나카다 팀장님은 속이 울컥울컥 치밀게 만든다구요. 조금 전에 온 손님은 어제 사 간 파운데이션의 색깔이 너무 밝으니까 다른 색깔로 바꿔 달라는 거예요. 피부에 발라보고나서 사갔는데도, 게다가 사용했는데도 반품하겠대요.

매뉴얼에는 이미 사용한 제품은 피부에 트러블이 있었을 때에만 교환할 수 있고, 그 외에는 안 된다고 씌어 있어요. 제가 그 사실을 정중하게 이야기하고 있는데, 옆에서 나카다 팀장님이 다가와서는 '교환해 드리겠습니다' 하고 싹 바꿔 주는 거예요. 저는 회사의 결정대로 했는데도 팀장님은 아무런 사정도 물어보지도 않고서 말예요. 도대체 제 입장은 어떻게 되겠어요? 이런 방식이 퍼지면 이제까지 교환해 주지 않은 고객들에게 불공평하고, 문제가 될 거라구요"

반응 A

"그것은 틀림 없이 부하를 아끼는 마음에서 그랬을 거야. 아무리 열심히 설명을 해주어도 무례하고 제멋대로인 손님에게는 통하지 않거든. 자네는 아직 경험이

부족하니까 매뉴얼대로 하면 잘 처리될 거라고 생각하겠지만, 실제로는 그렇지 않단 말야.

아무리 설명을 해도 이해하지 못하는 사람이 많아서, 싸움을 하게 되면 곤란하니까. 불평하는 손님에게는 매뉴얼은 아무 소용이 없어. 그러니까 우리들도 고생이 많은 거야. 자네의 기분은 알겠지만, 너무 그렇게 화내지 말게"

반응 B "그거야 속이 울컥울컥 치밀겠지. 당연한 일이야. 참아가면서 냉정하게 응대하고 있는데 마치 무시당한 것 같겠지. 그 기분은 잘 알겠네. 나카다 팀장은 자네가 매뉴얼대로 열심히 대응하고 있는 것을 보다가, 그 정도까지 참았으면 이제 충분하다고 생각했을 거야. 그리고 나카다 팀장은 그 손님의 모습을 보고, 반드시 나중에 소란을 피울 것이라고 생각해서 자네를 도와주려고 그런 거야. 틀림 없을 거야"

반응 C "자네가 구입했을 때의 상태나 사용 여부를 세밀히 확인하고 규칙대로 하려고 참고 있었는데, 옆에서 다가와서는 싹 교환해 주었단 말이지. 혼자서 마지막까지 응대하려고 했는데, 사정도 물어보지 않고 교환해 주었단 말이지. 그래서 자네는 이런 방식이 퍼져 나가면 이제까지 교환해 주

지 않은 손님에게 실례이고, 앞으로가 걱정이란 말이지.

자네가 기분 나쁘다는 것과 걱정은 잘 알겠네. 이런 경우, 다른 직원들은 실제로는 어떻게 대응하고 있는 지 상황을 조사해 보기로 하세. 특히 나는 팀장들이 어떻게 지도하고 있는 지 물어보겠네. 그 다음에 함께 검토해 나가기로 하세. 1주일쯤 지나서 내가 부를 테니까 자네가 조사한 것을 들려 주게. 좋은 것을 알아내 주면 고맙겠네. 그럼, 다음 주에 다시 얘기하기로 하세"

▶▶▶ 발언 사례와 그 반응

반응 A는 매우 불쾌한 대화이다. 규칙을 지키며 대응하려고 한 행동을 '현실은 매뉴얼대로 되지 않는다' 고 부정하고 있다. 그리고 이야기하는 사람이 정중한 말투로 주의해서 고객을 대하고 있던 것, 그리고 혼자 참아가면서 대응하고 있던 것과 같은 노력하는 마음에 대한 이해를 전혀 볼 수 없다. 부정한 것에 대한 이유에도 구체성이나 객관성이 없고, 단지 팀장으로서의 고충을 말하고 있는데 불과하고, 이야기하는 사람의 감정은 그냥 지나쳐 버려서 양자 사이에 감정의 공유화가 도모되지 못했다.

반응 B는 규칙을 지키면서 대응하려고 한 판매원의 기분을 알고, "마치 무시당한 것 같겠지" 하고 이야기하는 사람의 감정을

요약하여 대변하고 있다. 또한 "기분을 알겠네"라는 말로 이야기
하는 사람의 이야기를 긍정적으로 받아들였으므로 분노의 감정
은 일단 가라앉았을 지도 모른다.

그러나 단지 감정을 이해하는 것만으로는 부족하다. 이야기하
는 사람이 화를 내고 있는 감정과 앞으로 그러한 상황이 일어났
을 때의 대응은 어떻게 하는가에 대하여 구체적으로 지도해주지
않고 있다. 이야기하는 사람의 마음속에서는 여전히 분노의 불씨
는 계속 남아 있을 것이다.

반응 C는 상대방의 감정을 만족시키고, 문제를 객관적으로 보
는 기회를 부하에게 줄 것이다.

듣는 사람은 상대방의 발언 내용을 요약해서 대화를 하기 시작
하고 있다. 내용을 확인함으로써 긍정적으로 이해하고 있다는 것
이 상대방에게 전해진다. 그리고 이야기하는 사람은 자신의 기분
을 알아 주었다고 안심한다.

이야기하는 사람의 기분을 이해해 줄 뿐만 아니라, 지적한 내용
을 구체적으로 받아들이고, 앞으로의 문제 해결을 위해서 다시
면담을 하겠다고 약속해서 듣는 사람이 상대방의 이야기를 인식
했다는 것을 분명하게 나타내고 있다.

대화로 마음을 열어라

개방감이 있는 대화가 신뢰를 쌓는다

누구나 처음 보는 사람과 만날 때는 긴장한다. 처음으로 이야기할 때뿐만 아니라, 두 번째나 세 번째라도 자신의 생각이나 사고방식을 모두 이야기할 수 있는 심정이 된다고는 할 수 없다. 자신을 지키고 싶다는 감정이 많든 적든 간에 작용해서 노력 없이는 개방감 있는 즐거운 대화가 되지 않는다.

그러나 모처럼 대화를 할 기회가 생겼을 때, 양자가 서로 경계해서 마음을 닫은 채 대화를 해보았자 즐겁지 않다. 그러므로 쌍방 모두 방위심을 될 수 있는 대로 누그러뜨리고서 뜻있는 대화를 나누어야 한다.

그래서 상호 교류를 사용해서 대화를 진전시키는 방법에 대해서 생각해 보기로 하겠다.

상호 교류의 설명 자료에서는 "자존심은 셀프 이미지인데, 상대방으로부터 인정받거나 존경받으면 높아지고, 부정당하거나 무시당하면 상처를 입는다. 다만 구체적이지 않은 찬사나 아첨은 양자 사이에 신뢰 관계가 이뤄져 있으면 상대방도 받아들이지만, 그렇지 않으면 상대방은 칭찬의 말을 조작적인 것으로 느껴서 경계하고, 오히려 마음을 닫아 버린다"고 강조하고 있다.

요컨대 상호 교류를 사용한 대화에서는 이야기하는 사람과 듣는 사람이 모두 개방적으로 되어서 상대방과 협력적으로 서로 이야기할 수 있다. 그리고 대화를 통해서 양자가 개방감을 갖고 자신의 마음을 열면 상호간에 신뢰가 쌓여간다.

대화를 진척시키는 방법

상호 교류의 대화는 개시, 규명, 책정, 수습이라는 4단계를 밟는다.

1단계인 '개시'에서는 이야기를 시작한 사람이 목적과 그 중요성을 상대방이 이해할 수 있도록 설명한다. 모처럼 대화의 기회

를 얻더라도 쌍방이 목적이나 중요성을 이해하지 못하면, 이야기를 하고 있어도 잡담이 되어 버려서 시간만 낭비하게 된다.

특히 이제부터 화제로 삼는 것의 중요성에 대해서는, 상대방은 갑자기 문제를 제시받더라도 그것에 그렇게 관심이 있다고는 할 수 없다. 또는 그런 이야기는 지금이 아니더라도 얼마든지 할 수 있다고 생각할 지도 모른다. 그래서 이야기하는 사람은 이 이야기를 "지금, 왜" 하는가를 상대방에게 전할 필요가 있다.

2단계는 '규명'이다. 요컨대 주제에 관해서 쌍방이 갖고 있는 정보를 충분히 꺼내 놓고 그것들을 조합시키는 것이다.

다만 이야기하는 사람이 대화를 이끌어가지만, 이야기를 독점하지 말고 상대방에게 여러 가지 질문을 해서 폭넓게 정보를 모으기 바란다.

특히 주의해야 할 것은 모처럼 이야기하기 시작한 상대방의 이야기를 중간에서 끊지 말고, 잘 들어주기 바란다. 선배나 상사 또는 고객 등은 이야기를 끝까지 들어 주지를 못하고, 상대방의 이야기를 도중에서 가로막고 자기 쪽에서 이야기를 요약하려고 한다. 이것은 잘 하는 일이 아니다. 열심히 이야기하고 있는데, 듣는 사람이 '요컨대' 라든가 '다시 말하면' 등의 말을 계속한다면, 이야기하는 사람은 기분이 위축된다. 상대방이 여유를 갖고 이야기하게 만드는 것이 중요하고, 그것에 의해서 충분한 정보가 모

아지고, 이야기의 내용이 정리되어서 대화를 통해서 문제를 해결하고 싶다는 마음이 강해진다.

듣는 사람은 아직 정보가 불충분하다고 생각하면, 자기 쪽에서도 정보를 제공한다. 그 정보가 상대방의 정보를 더욱 더 끌어내서 결국은 그러한 정보들이 서로 연결되어 발전해 나간다.

대화를 할 때, 특히 염두에 두어야 할 것은 이야기하고 있는 사람 쪽이 즐거워야 한다는 것이다.

예전에 재미있는 이야기를 들은 적이 있는데, 로마시대의 이야기인 것 같다.

노예가 사자에게 잡아 먹히는 것을 귀족들이 구경하는 쇼가 있었다. 사자가 우리에서 나와 노예 쪽으로 다가가자, 모두들 숨을 죽이고 지켜보고 있었다. 그런데 노예가 사자에게 귓속말을 하자 사자는 그냥 우리로 돌아갔다.

모두들 이상하게 생각하여 노예에게 무슨 말을 했느냐고 묻자, 노예는 사자에게 "이 식사 전에 기나긴 연설이 있다"고 말했다는 것이다. 먹이를 앞에 두고 기나긴 연설을 듣는 것은 사자에게도 고통이므로 식욕을 잃었다는 것이다.

무엇인가를 패러디한 것이겠지만 사자라도 타인의 길고 지루한 이야기는 싫어한다.

대화로 문제 해결

앞의 두 단계에서 이야기하는 사람의 생각은 충분히 토론되었다. 정보도 충분히 모아졌다. 거기서 대화는 문제 해결로 진척되어 나간다. 다시 말하면, '책정'의 단계가 되고, 둘이서 문제를 해결하기 위한 아이디어를 서로 내놓는다.

문제를 제기한 사람은 그 나름대로 자신의 아이디어를 갖고 있으므로 우선 그것을 제안한다. 사람은 자신이 내놓은 아이디어라면 자진하여 실행한다. 상대방이 내놓은 아이디어에 편승하고, 그 아이디어에 자신의 의견도 보태서 둘이서 문제를 해결하기 위하여 아이디어를 생각해 나간다. 이 과정이 가장 생산적이다.

듣는 사람이 A안을 말하고, 이야기하는 사람이 B안을 생각하고, 둘이서 다시 C안을 탄생시켜 나가는 것은 즐거운 지적 생활이다. 브레인 스토밍으로 유명한 알렉스 F. 오즈번은 "타인의 아이디어에 편승해서 달려라"고 말했지만, 타인의 아이디어에 자극받아 이쪽에서도 무엇인가가 생겨나는 것이 의논의 묘미이다.

남극 월동대의 니시보리 에이사부로 박사는 『돌다리를 두드리면 건너지 못한다』라는 그의 저서에서 다음과 같은 에피소드를 소개하고 있다.

설상차로 멀리 나갔다가 자동차의 차축이 부러져서, 어떻게 기

지로 돌아가야 할 지 난감한 상태에 놓여졌을 때, 모두들 서로 아이디어를 내놓았다. 그 결과 얼음 막대기를 만들어 그것을 차축으로 삼아 자동차를 움직여 무사히 기지로 돌아왔다고 한다.

니시보리 박사는 나오는 아이디어마다 전부, "그것 참 좋은 생각이다"라고 계속 말해서 모두의 제안을 자꾸자꾸 발전시켰다고 한다. 니시보리 박사가 했던 것처럼, 이 단계에서는 차례차례로 나오는 아이디어를 분류하거나 통합한다. 그러한 아이디어들에 촉발되어 다시 새로운 아이디어들이 나오는 창조적인 장면이다.

마지막의 '수습'은 이제까지의 이야기를 정리하는 것이다. 서로 의논해 온 것을 하나씩 하나씩 정리하고 확인한다. 그리고 대화를 한 두 사람은 각자가 무엇을 실행할 것인가 담당하는 항목을 정한다. 그 뒤에 상황의 추적 방법까지 정해 두지 않으면, 모처럼 좋은 아이디어가 나왔어도 행동으로 옮겨지지 않아서 의논의 결실을 맺지 못한다.

상호 교류의 질을 높이는 방법

상호 교류를 실제로 사용할 때 주의할 점은 우선 '상대방도 자

신도 똑같이 이해하고 있는가 어떤가를 확인하면서 대화를 진척시키는' 것이다. 의논하는 도중에, 상대방이 말한 내용을 자신의 말로 바꿔서 말해 본다. 그렇게 하지 않으면 이야기하는 사람이나 듣는 사람이나 자기에게 유리한 말만 기억하고 있다가 결국 말했다, 말하지 않았다, 들었다, 듣지 못했다고 하는 결말이 나지 않는 입씨름을 하게 된다.

다음은 '대화의 진척 상황을 체크하는 것' 이다. 의논이 원활하게 이루어지도록 각각의 단계 예를 들면, 목적과 중요성의 이해라든가, 정보의 제출이라든가, 하나의 단락을 지을 때마다 다음 단계로 나아가도 되는지의 여부를 "이것으로 정보는 충분히 모아졌습니다. 그럼, 다음으로 넘어가도 되겠습니까?" 식으로 상대방에게 확인한다. 이렇게 하지 않으면, 이야기가 왔다갔다해서 효율성이 떨어지고 시간이 많이 걸려서 쌍방 모두 싫증을 내게 된다.

가장 역점을 두어야 할 것은 '상대방의 상황이나 그때의 감정을 잘 듣고 인정하는' 것이다. 상대방이 놓여진 상황의 배경에 있는 감정이나 관심, 걱정 등을 듣는 사람이 자신의 말로 바꿔 말하여, "그런 상황에서는 당신이 그렇게 느끼는 것은 무리도 아닙니다. 나였더라도 그렇게 느끼고 행동할 지도 모릅니다" 하고 공감적으로 인식하는 것이다.

듣는 사람이 특히 주의해야 할 것은 자신이 마치 재판관처럼

"당신의 감정은 옳다"고 하는 등 상대방의 행동에 대하여 옳고 그름을 판단하려고 하는 것이다. 판단을 하지 말고, 이야기하는 사람의 주장을 들어서 "그런 상황 속에서는" 하고 상대방이 놓여진 상황을 이해하고, 상대방이 불만스럽게 생각하거나 불쾌감을 느끼는 것은 당연한 일일 것이라고 긍정한다.

마지막으로, '자신의 생각이나 기분을 정확하게 전하는' 것이다. 이때는 듣는 사람이 정말로 솔직하게 자기를 드러내보임으로써 상대방도 객관적인 자기 분석을 하도록 이끄는 것이 상호 교류에 의한 의논의 핵심이다.

이제까지 상대방의 감정을 충분히 이해하고 인식해 왔다. 이야기하는 사람과의 상호 신뢰도 이루어져 가고 있다. 거기서 감정적으로 뒤얽혀 일어나고 있는 문제나 불만을 협력해서 해결해야 하는데, 그러기 위해서는 이야기하는 사람이 문제나 불만을 말하고 있는 동안에 자기를 객관적으로 분석하도록 이끌어 문제의 원인이 그 사람에게 있다는 것을 발견하도록 도와주어야 한다.

이야기를 듣는 사람은 말을 신중하게 골라서 반응하거나, 맞장구를 쳐주어야 하며 대화에 의한 문제 해결은 모든 것을 한 번에 처리하려고 서두르지 말고, 다음의 면담 날짜를 약속하고 끝낸다. 그렇게 하면 쌍방 모두 다음 번의 논의까지 숙제를 받은 셈이 되므로 시간을 가지고 생각하게 된다.

4

비즈니스는
대화로 시작된다

현대인, 정보의 바다에 빠지다

파는 사람도 사는 사람도 혼란중

"판매 없이 일 없다"는 말이 오랫동안 사용되어 왔다. 그러나 판매 분야에서는 기업들이 대량으로 생산된 상품을 빨리 팔기 위해서 소비자들에게 보내는 TV 광고나 신문 광고, 또는 DM, 카탈로그 등의 상품 정보들이 홍수를 이루고 있다.

소비자는 신제품이 나왔다 하면 매장에 직접 보러 가서 싼 물건이 있으면 충동 구매를 하고, 모두가 사용하는데 나만 다른 사람한테 뒤져서는 안 된다고 생각하고 필요 없는 것을 사서 마음고생도 하고 경제적으로도 어려워진다.

너무나도 다양한 상품이나 서비스에 둘러싸여서 소비자는 제멋

대로라고 비평받는 것처럼 요구를 다양화시키고, 요모조모 꼼꼼하게 따져서 평가하는 구매 혁명이 일어나고 있다.

이제까지는 만들면 팔린다는 시대가 지속되었지만, 지금의 소비자는 현명한 구매 행동을 취하고 스스로를 방어한다. 그 행동 사례를 들어 보면 다음과 같다.

🖊 만들면 팔리는 시대가 끝나고, 고객은 현명하게 선택 구매를 하게 되었다.

🖊 제공하는 상품이나 서비스뿐만 아니라 어떤 부가 가치가 있는가, 고객의 생각에 맞는 것인가, 배달 속도, 장소, 시간은 어떤가 등 꼼꼼하게 선별을 하게 되었다.

🖊 세대별, 지역별, 목적별, 컨셉별로 시장이 한없이 세분화되어 왔다.

🖊 정보가 너무 많아서 소비자는 판매 정보에 싫증내기 시작하고 있다.

🖊 정보 기술의 진전으로 판매 채널이 혼란되거나 복복선화되어 왔다.

갖고 싶은 것이 발견되지 않는다

이런 변화에 고객은 매우 혼란스러워 한다. 나 같은 경영 컨설턴트조차 혼란스러울 정도로 생겨나서 선전되는 새로운 컨셉이나

키워드에 대한 대응에 쫓기고, 정보의 홍수 속에 침몰할 것 같다.

기업은 '환경 친화적인 상품'의 제공이나 '판매에서 폐기까지의 제품의 신뢰성'에 대해서 보증을 요구받고 있다.

소비자는 스스로 인터넷에서 갖고 싶은 것을 찾는 데에는 시간을 들이지만, 그것이 구매로는 좀처럼 연결되지 않는다. 우편함에 아무렇게나 꽂혀 있는 DM이나 카탈로그는 한 번 훑어보고는 곧바로 쓰레기통에 버려진다. 텔레마케팅이나 방문 세일즈 등에 쫓겨서, 소비자는 무엇을 버리고 무엇을 취하면 좋은 지 모르게 되었다.

이 혼란에는 정보 기술의 진전이 한몫을 담당하고 있다. 상품이 넘치고 있는 데도, 소비자는 "갖고 싶은 것이 없다"고 불만을 털어놓고 있다. 불만의 내용은 무엇일까? 이야기를 들어 보면, "정보가 너무 많아서 결정하지 못하고, 선택하지 못하고, 버리지 못한다"고 말한다.

제공하는 상품이나 서비스는 점점 더 종류가 늘어나고, 내용도 특화되어 가고 있는 현재, 고객을 만족시키는 상담을 혼자서 처음부터 끝까지 처리하기는 어려워졌다.

제공하는 상품이나 서비스에 따라서 영업은 고객과 교섭하는 '고객 획득 부문', 상품이나 서비스의 내용을 설명하는 '엔지니어 부문', '관리·유지 부문' 등 한 사람의 고객에게 여러 사람이

한팀이 되어 대응해서, 각자의 전문성을 발휘하여 고객 만족을 얻는 궁리가 필요하게 되었다.

그렇게 되면, 종래의 "나에게 맡겨라" 하고 무슨 일이든지 하는 독불장군식의 영업사원은 오히려 고립된다. 반대로, 고객이 생기면 그 다음에는 무슨 일이든 다른 부문에 억지로 떠맡기는 방임형도 미움받는다.

영업사원은 이제까지보다 한층 더 높은 수준의 대화를 해서 고객과의 인간 관계 조성에 항상 주의하는 동시에, 회사 안팎의 사람들과 좋은 파트너십을 유지하고, 팀원과의 대화에 상호 교류를 잘 사용해 나가지 않으면 안 되게 되었다.

'팔다' 라는 말

1955년경에 재일 미군 부대에서 일하고 있을 때, "Buy & Sell" 이라는 말에 대해서 당황했던 경험이 있다.

영어와 일본어에서는 '팔다' 와 '사다', 즉 'Buy' 와 'Sell' 이라는 말에 대한 감각이 약간 다르다.

미국인이 나에게 와서 "이제부터 엔(円)을 사러 갔다 오시오" 하고 말을 걸었다. 교과서 영어밖에 모르는 나는 "엔을 산다"는 말에 "아니, 엔을 산다구요?" 하고 깜짝 놀랐다.

1955년경에는 1달러에 360엔이었다. 우리들의 일상생활 속에서는 달러를 사용하는 일이 없었고, '엔과 달러의 교환'이라고 말한다면 몰라도, "소중한 돈을 돈으로 사다니!" 하고, 한순간 그가 말하는 의미를 이해할 수가 없었다. 소중한 돈을 '엔'이라고 뭉뚱그려서 부르고, 마치 상품처럼 취급하는 'Buy'라는 말에 위화감을 느꼈다.

그 후, '엔'은 1달러에 308엔의 환율을 거쳐서, 이윽고 변동시세성으로 바뀌었다.

지금이야 해외 여행 등에서 돌아오면, 쓰다 남은 잔돈을 달러 예금을 해둘까, 아니면 엔으로 바꿔 버릴까 등등 일본의 통화와 다른 나라의 통화를 비교하게 되었다.

그런데도 아직도 해외에 나갈 때 은행 창구에서 엔화 지폐를 내놓으면서, "달러를 사고 싶어요"라고는 말하지 않고, "달러로 교환해 주세요" 하고 말하고 있다. 지폐를 태환권이라고 하는 인식은 갖고 있으며, 엔고라든가 달러고 등을 투기의 대상으로 생각하는 일도 있지만, 이상하게도 실생활 속에서는 엔을 산다는 말이 아직까지도 친숙하지가 않다.

영어에서는 'Buy'나 'Sell'이라는 말을 물건을 매매할 때뿐만 아니라, 손에 넣을 값어치가 있는 것, 채용할 만한 의의가 있는

사고방식 등에 대해서 평가할 때에도 사용한다.

예를 들면, 좋은 아이디어를 내놓으면, "그것 참 좋군요 〈I will buy it〉" 하고 응수한다. 상대방의 의견을 듣고서, 이쪽이 "좋은 방식이네요" 하고 칭찬을 해주면, "Do you buy it?" 하고 묻는다.

아이디어가 좋으면 그 값어치를 인정하고, 그것을 채용하기 위하여 얼마나 대가를 지불할까 하고 물어보는 것이다. 또한 상대방이 자신의 의견을 인정해 주면, "당신은 그 값어치를 인정했는데, 돈을 내고라도 사겠는가" 하고 자신의 아이디어에 값을 매긴다.

눈에 보이는 것뿐만 아니라, 아이디어와 같은 무형의 것에도 즉시 값을 매기고, 시장 가치를 인정하는 습관이 미국인들의 일상생활 속에 있는 것 같다. 그에 비하여 우리들은 일상생활의 대화 속에서 "그 아이디어를 샀다, 팔았다" 등의 말을 잘 사용하지 않는다.

'팔다'와 '강매하다'의 차이

미군 부대에 다닐 때의 회화 경험이 어느 새 내 마음에 스며들어 있었던 모양이다. 교육 컨설턴트로서 연수생들에게 보고, 연락, 상담의 중요성을 설명하고, "부하는 어쨌든 상사에게 '보고,

연락, 상담'하는 것을 잊어서는 안 됩니다. 특히 보고는 자신의 생각이나 행동을 상사에게 알리고, 그 의도를 이해받고, 그 가치를 '파는 것'입니다. 그러므로 구두 또는 문서로 상사에게 부지런히 보고하십시오" 하고 연설했더니 "그렇게 자랑해서 파는 것은 딱 질색입니다. 도가 지나치다구요" 하면서 수강생이 반발했다.

연수생들은 '팔다'라는 말을, '자신을 잘 보이려고 하는 강요하는 듯한 행동'이라고 이해해서 반론을 제기했던 것이다. 일본어의 '팔다'라는 말 속에 '실제보다 과대하게 보이려고 하는, 또는 필요 없는 것을 상대방에게 강매하는 것'이라는 뉘앙스가 있어서, 그것이 싫어지는 것일 것이다.

세일즈의 대화도, '과대한 값을 매겨서 상대방에게 강요하는 것'이라고 믿어 버리는 경향이 있는데, 그래서는 곤란하다. 그런 생각을 갖고 있는 고객과 접할 때에는 우선 그런 고객의 선입견을 없애려는 노력을 하지 않으면, 고객한테 거절당한다.

혼다의 창업자인 혼다 소이치로 씨는 경영자로서의 사고방식을 "만들어서 기쁘다, 팔아서 기쁘다, 사서 기쁘다"라는 3가지 기쁨을 들었는데, 바로 세일즈는 '팔아서 기쁘고, 사서 기쁘고, 고객의 얼굴을 보아서 기쁜' 인간미 넘치는 대화를 하는 업무이다.

"돈은 현장에서 생긴다"고 말하는 사장

어느 유통업을 하는 사장이 "돈은 현장에서 생긴다"고 말하고, 매장을 끊임 없이 순회하였다. 이 사장은 매장 안을 순회하면서 한 사람 한 사람의 판매원의 얼굴을 보고 이야기를 듣는 것이 취미로, 사원들도 사장과 친근하게 이야기할 수 있어서 의욕을 느끼고 있었다.

그런데 어느 날, 한 판매원이 "사장님, 소원이 있습니다" 하고 말을 걸었다. "현장에서 뵙는 것은 반갑습니다. 하지만 매상고가 나쁠 때 사장님께서는 언짢은 표정으로 매장을 돌아다니시는데, 그것 좀 그만두세요. 모두들 걱정이 되어서 의기소침해집니다. 사장님의 얼굴은 우리들에게 소중한 간판이니까, 매상고에 관계 없이 싱글벙글 웃어 주세요. 그렇게 하면, 모두들 기운이 난다구요" 하고 말했다.

그 말을 듣고서야 비로소 사장은, 사원들이 자신의 행동에서 비언어 메시지를 얼마나 민감하게 받아들이는가를 알았다.

사원들은 사장에게 있어서 회사 내 고객이다. 상대방이 고객이라면, 실적이 좋을 때나 나쁠 때나 친근감 있고 다정한 표정으로 접해야 한다.

고객 만족의 사고방식에서는 사원도 고객이다. 또 종업원 만족

(employee satisfaction)이 없으면, 고객에 대한 사원의 서비스도 진심이 어린 것이 되지 못한다.

이 유통업의 사원은 현장에서 일하는 사람의 본능적인 말로, 사장에게 고객 만족을 창출하는 비언어에 의한 메시지의 가치를 가르쳤던 것이다.

미국의 시어즈라는 유통업체에서는 지점장에게 출근할 때에는 반드시 정기적으로 매장 안을 순회하도록 지도하였다. 지점장의 리더십을 강화시키기 위해서다. 이 회사의 뉴욕 본부에서는 각 지점장의 행동을 정기적으로 체크하기 위하여, 모든 사원들에게 설문지를 배포해서 지점장 본인과 사원들로부터 지점장의 행동을 평가한 회답을 모아서 분석했다.

이 매장 안 순회에 대하여, 질문 항목의 회답 중에서 어느 한 지점장의 행동과 부하의 회답에 차이가 있었다. 지점장은 매일 아침과 저녁 때에 매장 안을 돌면서 부하와 대화를 나누고 있다고 대답한데 반하여, 부하의 회답은 달랐던 것이다. 그래서 조사해 보니 그 지점장은 주차장에서 일단 자기 방까지 매장 안을 돌았지만, 언제나 똑같은 통로로 다녔기 때문에 얼굴을 보고 대화를 나누는 부하도 한정되어 버렸다.

이 회사에서는 현장이야말로 이익을 낳는 중요한 장소여서 출

근할 때나 퇴근할 때에 지점장은 현장을 순회하면서 사원과 아침·저녁의 인사를 나누고, 친근감 있는 대화를 하도록 지도했는데도, 그는 그 실행을 형식만의 것, 요컨대 '부처를 만들고 혼을 안 넣은(가장 중요한 것을 빠뜨린)' 행동으로 만들어 버렸다.

비즈니스 현장의 심리학자

손님의 '마음'에 이야기를 거는 법

부동산업을 하고 있는 한 친구의 이야기이다.

그는 고객에게 단독 주택을 보여주는 데는 "날씨가 좋은 날 오전 10시 30분경이 좋거든. 그리고 겨울에는 3시 좀 지나서 아직 햇살이 따뜻하지만 차츰 어두컴컴해지는 시간이 심리적으로 좋단 말야" 하고 이야기해 주었다.

그의 설명에 의하면, "날씨가 좋다는 것은 부동산을 보는 데 도움이 되거든. 오전 10시 30분경부터 낮이 될 때는 주위의 집 앞이 깨끗하게 청소가 끝나고, 세탁물이 햇빛에 찬란히 빛나고 있어서 사람의 마음이 풍요로워지거든. 초가을에서 겨울까지의 오후 3시

경은 해가 아직 높이 떠 있지만 차츰 어두워지기 때문에 빛이 약해져서 왠지 모르게 사람이 그리워지지. 또한 돌아갈 때쯤에는 집안으로부터 새어 나오는 불빛들이 따뜻한 가정의 이미지가 전해져 고객의 사고 싶은 마음을 부추긴다”는 것이다.

매일 하는 일이니까 가장 좋은 시간만 골라서 장사할 수는 없겠지만, 기후나 날씨가 고객에게 주는 심리 효과는 굉장히 크다. 그래서 세일즈맨은 고객의 심리를 충분히 생각하고 행동한다.

어떤 세일즈맨과 동행하여 기업을 방문했을 때, 그는 사무실 입구에 멈춰 서서 사무실 안의 분위기를 살펴본 뒤에, 입구에서 한번 인사를 하고 들어갔다. 나는 그가 한 템포의 사이를 두는 타이밍의 절묘함에 감탄했다.

그런가하면 그 사무실의 분위기도 감안하지 않은 채 다짜고짜 성큼성큼 돌진하는 세일즈맨이 있다. 또 상담을 할 때도 상대방에 관계 없이 당돌한 느낌으로 이야기를 꺼내는 사람이 있다.

사람은 상대방의 느닷없는 행동에는 저항감을 느끼는 법이다.

이 세일즈맨은 하나의 행동에서 다음 행동으로 옮겨갈 때, 한 템포의 간격을 두었는데, 그것이 무척이나 예의 바르게 보였다. 마치 차를 마실 때 하나의 동작에서 다음 동작으로 옮겨가는 것처럼 한 박자의 간격을 두는 것 같은 느낌이어서 옆에서 보자니까 안심이 되었다.

이따금 세일즈를 하는 사람한테서 오는 계절 인사나 편지가 따뜻함을 전해서 비즈니스의 관계에서 친구의 관계로 이끌어준다. 어느 협회의 간사는 회원의 생일에 잊지 않고 꽃을 보내주는데, 인간은 아무리 나이를 먹어도 그런 것은 무척이나 기쁜 것이다. 이 행동은 협회의 팬 조성에 큰 도움이 되고 있었다.

봄, 여름, 겨울 – 장사는 싫증이 나지 않는다

옛날부터 커다란 양조장 안의 큰 기둥에는 대개 족자가 걸려 있었는데, "봄, 여름, 겨울 더욱 더"라고 쓰여 있었다. 더욱 더라는 곳에는 그림과 같이 2홉 5작들이 되의 그림이 그려져 있었다.

"재미있는 족자로군요. 이것은 뭐라고 읽습니까?" 하고 물었더니 "장사가 더욱 더 번창하기를. 여기에는 아키(가을)가 없으니까 아키(싫

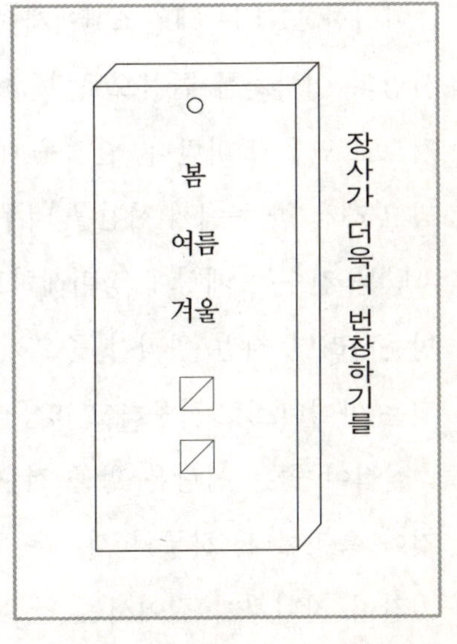

증)가 나지 않는다, 즉 장사는 싫증이 나지 않는다는 뜻이죠. 더욱 더는 되가 2개, 번창이라고 읽는 것은 되가 2홉 5작인데 그것이 2개니까 5홉, 한 말의 절반이니까 반 말, 즉 번창이라는 얘기지요. 장사는 싫증을 내지 않고 꾸준히 해 나가면 번창한다는 격언입니다"

옛날 사람들은 이러한 재미있는 신소리(성구의 음을 맞추어 뜻이 같지 않는 다른 말을 만드는 언어 유희)를 많이 했다. 대화를 즐기는 하나의 요령이다. 이 양조장 주인의 말대로, 장사는 싫증을 내서는 안 된다. 싫증을 내지 말고 꾸준히 방문하여 상담하고, 대화를 깊이 해가면서 인연의 기반을 만들어야 한다.

이러한 고객은 세일즈맨에게는 백과사전과 같은 사람이다. 그 사람의 이야기를 들음으로써 상대방의 지혜를 끌어내서 자신의 것으로 만들기 바란다. 즐거운 대화 시간을 가질 수가 있다. 그렇다고 해서 한 곳에서 시간을 너무 많이 보내는 것은 곤란하다.

방문 건수는 매상에 정비례하므로 될 수 있는 대로 많은 곳을 방문하려면 시간 관리가 중요해진다. 세일즈의 방문 시간이 긴 것은 마이너스로 작용하고, 방문의 빈도는 플러스로 작용한다.

실적이 좋은 사람은 방문 건수가 많고, 체류하는 시간이 짧은 것이 특징이다. 하루의 시간은 한정되어 있으므로 한 곳의 방문 시간이 지나치게 길어서는 안 된다. 지나치게 길어지면 고객의

시간도 자신의 시간도 낭비하게 된다. 아무리 길어도 30~40분을 넘어서는 안 될 것이다.

상담을 끝내는 타이밍을 찾지 못하고 계속 이야기를 끌다보면 성사가 되어 가던 상담도 오히려 깨지게 되는 쓰라린 경험도 여러 차례 했다.

이야기를 적당한 때에 일단락 짓고 다시 방문할 것을 약속하고 나오는 것이 오히려 깨끗해서, 고객도 그것을 좋아한다.

신속한 반응이 가장 중요하다

어느 날, 나는 제휴 회사인 DDI의 바이엄 박사와 유럽에 있는 일본계 기업을 방문했다. 그 기업은 도시에서 상당히 떨어진 교외에 있었기 때문에, 그 부근의 호텔에 투숙해 다음날의 아침 방문에 대비했다.

일을 끝내고 돌아오는 차 안에서 박사는 음성 메일로 미국에 있는 비서에게 오늘의 방문에 대한 인사장을 쓰도록 지시하고 있었다.

이 일본계 기업은 MSC의 고객이기도 하기 때문에, 박사의 인사장보다는 내 인사가 너무 늦어지면 실례가 될 것 같았다. 그래서

무척이나 당황했지만, 박사의 신속한 반응에는 감탄했다.

비즈니스는 스피드와 빠른 결단이 승부처다.

베테랑 세일즈맨에게 "어떤 고객이 곤란합니까?" 하고 물었더니 "생각이 있는 것 같기도 하고 없는 것 같기도 하고, 희망을 갖게 하고는 대답을 질질 끌다가 마지막에는 안 된다고 말하는 사람"이라고 대답했다.

신속한 반응과 빠르고 명쾌한 결단은 고객에게나 세일즈맨에게나 고마운 것이다.

세일즈는 고객과의 대화이기 때문에 만일 상대방의 결단이 늦어진다면, 그것은 그 사람이 우유부단하기 때문인가, 배경에 어떤 문제가 있는가, 누가 결정자인가 등 여러 방면에서 생각해 보아야 한다. 그리고 중간 보고, 후속 조치를 부지런히 해서 적당한 기간 내에 결정을 얻어내도록 노력을 한다.

모처럼 상담이 성사되려고 하고 있을 때, 그것이 실패로 돌아간다면 그때까지 쏟아 넣은 에너지는 완전히 허사가 된다. 그러므로 그러한 것을 방지하기 위해서는 대화가 끝난 뒤에 후속 전화 등을 이용해서 상대방에게 그런 마음이 들게 한다. 방문을 되풀이하거나 후속 전화 등으로 대화의 빈도를 높여 나가는 것이 고객과의 관계를 성숙한 것으로 만드는 데 도움이 된다.

　외국으로부터 팩스나 E-메일로 문의나 사업 이야기가 나왔을 때, 즉각 회답을 보내면 흔히 "신속한 반응, 고맙습니다" 하고 회답이 와서 빈번한 대화의 왕래가 시작된다.

　대화는 탁구공처럼 재빨리 치거나 되치거나 하는 사이에 이야기가 무르익어서 상담이 성사된다. 또 성사되지 않더라도, 그것을 계기로 고객과의 인간 관계가 비록 국적이 서로 다르더라도 깊어져 간다.

'판매' 없이 '일' 없다

세일즈의 전문가를 지향하라

영업에는 고객을 방문하여 상품이나 서비스에 대해서 대화를 하고 주문을 받는 대면 영업과 점두에서 고객이 찾아오기를 기다렸다가 응대하는 점두 영업의 두 가지가 있으며, 이것이 페이스 투 페이스 상담의 주류이다.

그것에 더해서, 라인 투 라인 판매라든가, 보이스 투 보이스 상담이라고 부르고 싶은 방식, 예를 들면, DM이나 카탈로그를 보내 놓고서 엽서나 팩스, 인터넷 등으로 주문을 받는 식으로 몇 가지 통신 수단을 배합하는 영업 방식이 대폭적으로 늘어났다.

각 회사가 모두 상품이나 서비스를 고객에게 제공한 뒤에도, 이

용자가 자유롭게 정보를 요구하거나 불평을 토로할 수 있도록 콜 센터나 고객 센터 등을 설치하고 있다. 그리고 그러한 기능이 종래의 대면 영업과 짝을 이루어서 고객과 보다 강한 유대를 유지시켜 주고 있다.

고객도 그러한 다양한 채널을 이용해서 업자에게 연락을 해오는데, 최근에는 고객이 지닌 상품 지식의 수준이 높기 때문에 센터의 담당자는 그것에 대응할 수 있는 충분한 지식과 대화술을 갖지 않으면 고객을 만족시킬 수가 없다.

대화술은 세일즈가 법인 고객을 대상으로 할 때와 개인 고객을 대상으로 할 때 이야기하는 방법, 듣는 방법, 복장까지 바꾸는 연구가 필요하다. 콜 센터에서는 목소리만으로 응대를 하지만, 대면을 하는 점두 판매의 경우에는 대화술은 물론, 마케팅이나 머천다이징(merchandising = 상품이나 서비스를 과학적인 조사에 의거하여 팔기 쉽게 하는 효과적인 수단의 총칭)의 지식, 진열의 기술 수준까지 요구된다.

관록이 있는 멋진 쓴소리

세일즈의 기본은 사람과 사람의 접촉이며, 상대방의 기분을 소

중히 하는 대화이다.

여기서 소개하는 것은, 고객의 기분에 대한 배려가 없어서 나이가 든 고객을 화나게 만들어 버린 한 사람의 카운터 세일즈의 사례이다. 이 손님처럼 화를 내며 고함을 지르지는 않더라도, 마음속으로 고함을 지르고 있는 손님도 이따금 있을 것이다.

내 친구의 이야기이다.

그녀는 늙은 어머니를 모시고 은행에 정기 예금을 들려고 갔다. 친구의 어머니께서는 만기가 되었으나 당장 쓸 일도 없으니, 최근의 싼 금리 가운데서 유리한 것을 가르쳐 달래서 그대로 은행에 정기 예금으로 넣어 두어야겠다고 말씀하셨다고 한다.

기계에서 번호표를 뽑아 들고 이제나 저제나 하고 한참을 기다리고 있으려니까, 겨우 번호를 불러서 창구 앞에 가서 앉았다. 거기에는 젊은 남자 행원이 앉아 있었는데, "어서 오십시오" 하고 한마디뿐이었다 .

그리고는 "용건은요?" 하고 말하더니 어머니의 질문에는 제대로 대답도 하지 않은 채 용지를 꺼내 가지고, "이름과 주소, 그리고 인감을 부탁합니다" 하고 퉁명스럽게 말했다. 그 뒤, 그는 다른 용지에 무엇인가를 적어 넣으면서 고객 같은 것에는 신경도 쓰지 않았다. 용지에는 몇 군데 기입란이 있었다. 또 그것이 어떤 정기

예금인지도 잘 알 수가 없었다. 어머니는 망설이다가, "잠깐만요. 어디에 써 넣으면 될까요?" 하고 물었다. 거기서부터는 대화가 시작될 것이라고 생각하신 것이다. 그런데 그 행원은 "그러니까 이름과 주소를 쓰라니까요" 하고 내뱉듯이 말했다.

그 순간 어머니는 통장과 인감을 집어 들고 의자에서 벌떡 일어나면서 그 행원에게 "당신, 아무리 좋은 대학을 나온 우수한 행원이라 하더라도, 손님에게 제대로 인사도 설명도 하지 못한다면 학력 같은 것은 아무 소용도 없다구요. 이런 노인이라도 손님은 손님이잖소! 기분 좋게 대해주는 데는 돈이 안 들잖아요. 그런 것도 모르고서야 훌륭하게 되긴 다 틀렸지!"

그 행원은 자신이 무슨 잘못을 저질렀는지 몰라서 어안이 벙벙해 있었다. 그 소리에 로비 담당자가 무슨 일이 일어났는가 하고 깜짝 놀라 다가왔으나, 어머니는 거들떠 보지도 않고 부지런히 출구로 향했다.

그 도중에 이번에는 딸에게 "일은 대학의 간판을 달고 하는 게 아니야. 어떤 사람에게나 우선은 기분 좋게 응대해야 하거든. 첫인상이 가장 중요한 거야. 나중에 바꾸려면 얼마나 어려운 지 아니? 그러나 처음에 기분 좋게 대하는 것은 간단해. 왜 그것을 모를까? 머리만 크면 넘어지기 쉬우니까 너도 조심해라!"

내 친구에게도 나무람의 소리가 날아 왔던 것이다.

고객에게는 의논 상대가 필요하다

매스컴은 경기가 나빠서 물건이 안 팔리며, 구매 의욕이 저하되어서 돈이 움직이지를 않는다고 떠들고 있지만, 고객 쪽에서는 "어떤 상품이나 서비스가 있는 지를 알려 주지 않는다. 생활을 좀 더 편리하고 풍요롭게 해주는 새로운 아이디어를 제공하지 않는다"고 불만이다.

세일즈맨이 방문하거나 전화를 걸어 오거나 하면 고객이 싫어하는 이유는, 그 대화에서 새로운 비즈니스 방식이나 생활정보를 발견할 수가 없기 때문이다. 만일 세일즈맨이 특정 상품이나 서비스 제공을 고집하지 않고, 고객의 입장에 서서 욕구를 모색하고, 상대방에게 도움이 되는 색다른 상품을 제안해 준다면 곤란할 때 "그 사람에게 물어보자"는 마음이 들 것이다.

영업 부문은 고객에게 새로운 제안을 하는 부서이다.

고객은 자신이 갖고 싶은 것을 항상 명확히 알고 있지 못한다. 막연히 '이런 것이 있으면 좋겠구나, 이런 서비스를 할 수는 없을까' 하고 생각하고 있다.

세일즈맨은 "이런 상품이 나왔습니다. 이런 서비스는 득이 됩니다" 하고 말하는 것이 아니라, 고객의 아이디어를 교묘하게 이끌어내서 명백히 하고, "그것이 필요했군요. 그런 서비스가 도움이 되는군요. 이제야 막연했던 것을 알아냈어요" 하고, 고객에게 명확한 상품 이미지나 서비스 내용을 똑똑히 묘사해 줄 수 있는 의논 상대가 되어 주어야 한다.

고객의 욕구를 읽고, 명확한 형태로 만들려면 설명을 하거나 고객의 이야기를 듣는 것만으로는 불충분하다. 상품이나 서비스를 이미지할 수 있는 보기 쉽고 알기 쉬운 자료나 견본을 갖추고, 자사와 타사의 것을 비교해서 차별화하여 고객의 오감에 호소해야 한다.

어떤 경우라도 세일즈 상대는 한 명의 인간

세일즈의 상대는 개인이다. 법인 상대의 상담에서도 이야기 상대는 한 명의 인간이다. 세일즈맨은 사람을 만나고, 사람에게 닦여서 인간을 이해하고, 인간적인 상담 능력을 연마해 나가고 있다. 상대하는 개인이나 기업에 무엇을 제안하면, 상대방도 자신도 이익을 올릴 수 있는가 하는 '윈윈(win-win)' 관계를 만들어 내는 보람이 있는 직업이다. 그리고 도전하지 않으면, 앞으로 세일즈 업무에서 경쟁 상대를 이겨 나갈 수가 없다.

기업의 마케팅 전략은 프로덕트 인에서, 마켓 인, 그리고 소시

얼 마케팅에로 나아가고, 오늘날에는 한 사람을 비즈니스의 파트너로 취급하는 원 투 원 마케팅이 강조되고 있다.

고객이 개인이든, 법인으로 대기업의 간판을 달고 있든 간에 세일즈의 기본은 원 투 원 마케팅이다.

고객은 세일즈맨이 자기 한 사람만의 편이 되어서, "나는 당신에게 도움을 주고 싶다"고 하는 심정을 느끼게 해주는 대화의 상대가 되어 주기를 바란다.

고객 가운데는 아무것도 사지 않고, 그 세일즈맨과의 만남에서 새로운 정보를 입수하는 것을 기뻐하는 사람도 있다. 그것이 고객의 지식을 확대시켜 나가는 데 도움이 된다면, 그때는 사지 않더라도 그 세일즈맨을 신뢰해서 기업과 고객 사이에 좋은 관계가 형성된다. 새로운 고객을 자기 회사의 팬으로 만들 수 있다면, 그 면접이야말로 바로 고객 만족이다.

이 의의 있는 세일즈 면접의 기술 향상이 다만 단순하게 '상품이나 서비스를 파는 것'이라는 목적에 치우쳐 있다면 그것은 문제이다. 그것은 고객이 가장 싫어하는 것이기 때문이다.

세일즈맨은 인간을 읽는 것이 직업이므로 이것으로 끝이라든가, 한판 끝났다는 식의 천박한 직업이 아니다. 고객의 입장이나 역할, 인품이나 취향을 그때의 상황을 보면서 파악하려면 상당한 노력이 필요하다.

특히 엄격하게 제한된 시간 속에서 실적 목표의 달성에 쫓기고 있다면, 파는 사람의 마음에 여유가 없어질 지도 모른다.

그러나 고객에게 유익한 정보를 제공하고, 즐거운 화제로 상대방을 끌어들여서, "찾아와 주기를 잘 했어요. 많이 도움이 되었어요" 하고 고객이 말해 준다면, 그때까지의 피로가 싹 가셔 버릴 것이다.

세일즈맨은 경원당한다?!

기업의 운명을 거는 세일즈맨의 직업은 지적 수준의 높이가 요구되는 전문 직종이다. 그 기술은 고베 대학의 가나이 쥬코 씨가 말했던 것처럼 운반할 수 있는 기술이므로 일단 몸에 익히면 어디에나 가지고 갈 수 있는 멋진 것이다. 그런데도 비즈니스 사회에서는 세일즈 업무를 극도로 혐오하는 사람도 적지 않다.

왜 세일즈나 영업 업무를 싫어하는 사람들이 많을까?

고객에게 도움이 되는 정보를 제공하고, 시대에 걸맞는 새로운 생활양식이나 편리해지기 위한 지식을 알려 주는 직업인데도, 그런 인상보다는 무엇인가를 우격다짐으로 팔아 먹고, 자신의 이익만 챙기려고 한다고 사람들이 믿고 있기 때문인 지도 모른다.

　나는 이런 이야기를 들었다. 사원 모집 광고를 할 때, 신문이나 잡지에 '세일즈맨 모집'이라는 공고를 내는 것보다는 영업사원, 영업 기획, 마케터 등의 표현을 쓰는 쪽이 응모자가 많이 모인다는 것이다.

　그런 말을 듣고 신문의 모집 광고를 눈여겨 보니 영업 스태프, 기획 영업, 영업 간부, 마케팅 담당, 영업 코디네이터 등등 다양한 직명이 사용되고 있었다. 그쪽이 젊은 응시자에게 강한 영향력이 있다는 것이다. 판매원 모집이 아니라 판매 스태프 모집이라고 쓰여 있는 광고가 많다.

　그것은 세일즈라는 직업이 혐오의 대상이 되고 있기 때문일까? 아니면, 고객에게 상품이나 서비스의 정보를 제공하는 일에는 매력을 느낄 수가 없기 때문일까? 세일즈맨이라는 용어는 남녀 차별을 하는 것이 되므로 세일즈퍼슨이라고 해야 하겠지만, 그것이 신문 광고에 영업사원이라는 표현을 많이 쓰게 만든 것일까?

　그렇게 간단한 이유로 인해서 세일즈라는 직업이 경원당하고 있는 것 같지는 않다. 역시 다종다양한 요구를 지닌 고객을 상대로 상담을 되풀이하여 납득시켜 나가야 하는, 사람을 상대로 이야기를 나누는 일의 어려움 때문에 모두들 꺼리고 있는 것 같다.

현장의 생생한 정보와 상사의 지원

고객에 대해서, 사내의 각 부문이 세일즈 부문과 협력하여 좋은 파트너십을 발휘해야만 고객이 그 회사의 팬이 된다.

방문 판매를 하는 세일즈맨은 고객이 원하는 것을 파악하여 정보를 축적하고 있다. 점두 판매에서는, 응대자는 매장이나 상품, 서비스의 내용에 대한 손님들의 코멘트를 끊임 없이 듣고 있다.

보이스 투 보이스 면접이라면, 응대자는 고객의 목소리를 듣는 일에 정신을 집중시켜서, 얼굴을 보이지 않는 부분을 보완하는 노력을 해서 고객의 감정표출을 인식한다.

그러한 고객의 생생한 정보는 세일즈 스태프나 지원 부문으로부터 신속하게 상사에게 전해지고 있을까? 상사의 임무는 세일즈맨이 고객에게 만족을 줄 수 있는 대화를 하고 있는가 아닌가를 주의 깊게 보고, 필요한 피드백과 지원 활동을 하는 데 있다.

상사에게 있어서는 비즈니스 면접의 현장에서 고객의 생생한 정보를 가지고 오는 부하가 사내 고객이다. 그런 생각으로 한 사람 한 사람의 부하의 감정을 소중히 하고, 피드백이나 지원을 계속해 나가지 않으면, 현장에서 일하는 사람들과 관리자 사이에 틈이 벌어지게 된다.

관리자는 여러 명의 세일즈맨을 부하로 거느리고, 그 한 사람

한 사람과 대화를 나누고 행동을 관찰하는 것이 직무이기 때문에, 거기서 수집한 '고객의 생생한 목소리'는 고객 정보라는 귀중한 재산인 것이다. 현장으로부터 올라오는 생생한 정보를 정리해서 경영층에 제안하고, 세일즈 전략이나 전술을 재확인하면서 시기적절한 행동을 취하는 것이 관리자의 역할이다.

그것이 일상적으로 행해지고 있다면, 아무리 상품이나 서비스의 혁신이 가파르게 진행된다 하더라도, 고객의 요망이 빗발친다 하더라도 현장에서 뛰는 사람들은 안심하고 일을 할 수가 있다.

그런데 이것이 좀처럼 잘되고 있지를 않다. 현장으로부터 생생한 정보가 올라온다 하더라도, 전달과 처리가 늦어져서 고객은 떠나고, 현장에서 일하는 사람들은 의욕을 잃어 버리는 경우가 많다.

응대 방침을 분명히 하라

어떤 금융 회사의 콜 센터에 근무하는 상담원은 다음과 같은 불만을 털어 놓았다.

"금융 업계의 움직임으로 불안해진 고객이 해약 상담을 전화로 해 왔을 때, 어쨌든 계속하도록 설득은 하지만 고객의 마음은 움

직이지를 않습니다. 무리하게 반론이나 설득을 계속하게 되면 고객은 벌컥 화를 냅니다. 그럴 때의 응대 방침이나 지도가 영업부와 다른 부문이 서로 다릅니다. 영업부에서는 어쨌든 고객에게 번복을 촉구하라고 말하고, 다른 부문 사람과 의논을 하면 해약을 일단 받아들이고 세일즈맨의 방문 조치를 취하라고 말합니다. 도대체 우리는 어떻게 하면 좋습니까?"

콜 센터의 응답자는 손님과 회사의 중간에 끼어서 당황하게 된다. 그것을 응대 기술만으로 해결하려고 하는 것 자체가 무리이다. 각 부문이 고객의 생생한 목소리를 잘 듣고, 상품이나 서비스의 문제 해결을 중시해서, 상담원에게 응답하는 대화의 기본 방침이나 전략을 확실하게 가르쳐 줄 필요가 있다.

고객은 다양하다. 상담하는 사람, 불평을 하는 사람, 그 가운데에는 '애매모호하게 돌려서 말하는 손님'도 있다.

상담원들은 다양한 타입의 고객 전화에 응답을 하느라 애를 먹고, 지칠 대로 지쳐서 스트레스만 쌓여 간다. 그 스트레스를 관리자에게 하소연하고, "정말 애쓰셨군요" 하는 한마디 위로의 말만 들어도, 기분이 좋아져서 다시 원기를 회복하여 다음 전화에 응대할 수가 있다.

고객에 대한 응대에서 그 기업의 전략이나 방침이 분명하지 않거나, 관계자들 사이에 방침이 서로 다른 경우에는 고객으로부터 클레임이라는 형태로 경종이 울려 온다. 또 그것이 개선의 힌트가 되지 않는다면, 고객의 목소리는 아무런 효력도 발휘하지 못한 채, 또 다시 새로운 클레임을 낳게 된다.

'애매모호한 이야기를 하는 고객' – 콜 센터에 쏟아지는 불만

고객 : "새로 나온 화장수를 사용했더니, 그 다음날, 얼굴 전체가 빨개졌다구요. 즉각 사용을 중지했지만요"

센터 : "폐를 끼쳐 드려서 죄송합니다. 모처럼 사용해 주셨는데요. 아마 손님의 피부에는 잘 맞지를 않았던 것 같군요. 사용을 중지하신 뒤, 병원에 가 보셨습니까?"

고객 : "특별히 가지는 않았지만요, 친구가 제조회사에 전화를 걸어 보라고 해서요"

센터 : "수고를 끼쳐서 미안합니다. 지금은 피부 상태가 어떻습니까?"

고객 : "글쎄요, 대충 이전의 상태로 되돌아온 것 같아요. 하지만 …"

센터 : "그렇다면, 아직 완전히 낫지 않았습니까?"

고객 : "그렇지는 않지만…"

센터 : "피부에 무엇이 돋았다거나 푸석푸석하거나 하지는 않습
니까?"

고객 : "그렇지는 않지만…"

센터 : "걱정이 되실 테니까, 바쁘시겠지만 꼭 전문의와 상담을
해보십시오"

고객 : "병원에 가는 것은 아무래도…"

센터 : "병원에 가신다면 그 비용은 저희가 부담하겠습니다. 죄
송하지만, 영수증을 보내 주십시요. 그리고 화장수의
대금도 함께 즉시 송금해 드리겠습니다. 저는 서비스
코너 담당자로 야마모토 하나코라고 합니다. 저에게 연
락을 해주십시오"

고객 : "그것도 좋지만…. 저어…"

센터 : "그 밖에 걱정되시는 점이 있으면 모두 이야기해 주십시
오"

고객 : "한때는 정말로 굉장히 걱정했다구요"

센터 : "물론 걱정되셨겠지요. 얼굴이니까 이해가 갑니다"

고객 : "그래서 위자료랄까, 그런 것은…?"

겨우 이야기의 본론으로 들어갔다. 자세히 들어 보니까, 이 고
객의 친구는 다른 회사에서 위자료를 받았던 것 같다. "그러니까

나에게도 위자료를 달라!"는 것이었다. 이제는 상담원이 판단할 단계가 아니었기 때문에 야마모토 양은 상사에게 업무를 넘겼는데, 통화를 하면서 자기도 모르게 "도대체 용건이 무엇입니까? 분명히 좀 말해 주세요" 하고 말해 주고 싶었다고 한다.

야마모토 양은 상사와 즉시 교대할 수 있었지만, 많은 현장에서는 언제나 그렇게 구세주가 나타나는 것도 아니다. 그렇기 때문에 상담원들은 어떻게 대답하면 좋을지 판단을 내리지 못해서 매일 고생을 하고 있다.

고객의 희망은 천차만별

지금까지는 생산재나 소비재의 제조사로부터 상품이나 서비스가 마치 강물이 흐르듯이 소비자에게 공급되어 왔다.

그래서 소재를 공급하는 '강상(川上) 산업', 중간의 세트 메이커나 조립 등을 하는 '강중(川中) 산업', 최종 소비자에게 상품이나 서비스를 제공하는 '강하(川下) 산업' 등처럼 제품의 흐름을 강에 비유해서 불러 왔다. 이렇게 부르는 것은 만드는 사람으로부터 사용하는 사람에게 상품이나 서비스가 도달한다고 하는 공급자 중심의 발상이다.

그런데 그 강하에 있는 소비자의 욕구 변화가 현재 가장 심해서, 발매형 상품이나 서비스는 줄어들고 세미 수주형이 늘어나게 되었다. 소비자의 목소리를 듣고 상품이나 서비스를 기획하고 개발하지 않으면, 어떤 일도 시작할 수가 없다

또한 소비생활이 성숙됨에 따라서 사람들이 갖고 싶어하는 물건이 끊임없이 변하고, 원하는 서비스의 질도 보다 고도화되고 있다.

또한 정보 기술의 혁신이 그 변화를 한층 더 촉진시킨다. 인터넷을 중심으로 기업과 기업의 거래나 판매 형태가 변해 가고 있다. 기업이 고객에게 물건을 직접 판매하는 경우가 늘어나서, 중간 도매업자는 '중간상 배제' 현상 때문에 고전하고 있다.

통신, 유통, 판매 등의 채널이 지금까지처럼 강상에서 강하로의 한 줄기의 흐름이 아니라, 복잡하게 뒤엉키게 되었다. 만조가 되면 강물이 역류하듯이 고객이 구하는 상품이나 서비스는 사용자나 이용자로부터 새로운 아이디어로서 강중이나 강하의 업자에게 역류한다.

그러한 목소리들을 세일즈맨이 부지런히 수집하여, 그것에 걸맞는 상품을 창출하거나 서비스의 본연의 자세를 지향하고 관리자나 경영자를 움직여서 유통 방법을 혁신하지 않으면 고객으로부터 외면당하게 된다.

세일즈 부문의 관리자는 "일도 생활도 즐기고 싶다"고 생각하는 고객과 늘 만나고 있는 제일선의 세일즈맨이나 콜 센터의 담당자 등으로부터 현장의 생생한 정보를 빠짐 없이 수집해 주기 바란다. 그리고 이 생생한 정보를 경영층에 신속하게 알리는 역할을 적극적으로 해나가지 않으면, 사고가 굳어져서 차츰 비즈니스 사회의 화석이 되어 버릴 것이다.

어떤 신참 세일즈맨

어떤 신참 세일즈맨

이전에 증권사의 신참 영업사원이 우리 집을 날마다 찾아온 적이 있었다. 그 무렵, 거래하고 있는 증권회사가 있었기 때문에 다른 회사와 새롭게 거래를 하고 싶지 않다고 거절을 했는데도 날마다 우편함에 명함이 들어 있었다. 또 모처럼 찾아와도 부재중인 경우가 대부분이어서 나를 만나지 못했기 때문에, 그는 얼마 뒤에 나의 귀가 시간에 맞춰서 문 밖에서 기다리고 있기도 했다. 매일 밤 9시든 10시든 계속 기다리고 있어서, 나는 미안하기도 하고 곤혹스럽기도 하고 짜증스럽기도 하고 복잡한 기분이었다. 한편으로는 '날씨도 점점 추워져서 밤에는 몸이 얼어 붙을 텐데' 하

고 걱정도 되고, '도대체 상사는 어떤 식으로 그를 지원하고 있는 것일까?' 하고 마음이 쓰이기도 했다.

진지하고 내성적인 성격의 소유자처럼 보였는데, 특별히 무엇인가를 권하는 것도 아니고 그저 무턱대고 기다리고 있을 뿐이었다. 신입사원이라서 어떤 이야기를 해야 좋은 지 모르는 것 같았다.

하루는 밤 11시경에 귀가했는데 그는 아직도 대문 앞에서 기다리고 있어서 다음과 같이 말했다.

"당신에게는 좀 미안하지만, 지금으로서는 당신하고 거래할 여유가 없어요. 그러나 오늘 돌아가거든, 상사에게 세일즈 방문에 동행을 해달라고 부탁해 보세요. 지금 이대로의 방법으로는 혼자만 고생할 뿐이니까 상사에게 도와달라고 해보세요. 그리고 선배나 상사의 행동을 본보기로 삼고 싶으니까, 그 기회를 좀 만들어 달라고 상사에게 부탁해 보라구요"

그후 한동안 그의 모습을 볼 수가 없었는데, 어느 날 길에서 상사(선배)처럼 보이는 사람과 둘이서 걸어가고 있는 그를 만났다. 이전에 비해 걸음걸이도 활발해지고 표정도 밝아서, 나는 안도의 숨을 내쉬었다.

방문 세일즈는 이러한 얌전하고 내성적인 사람에게는 특히 가혹한 일일 것이다.

상사는 다양한 타입의 부하를 거느리고 있기 때문에 그 사람에

게 맞는 지도 방법을 생각해내야 한다고 절실히 생각했다.

그는 어쩌면 혼자서 방문하는 요령을 터득하는 데 다른 사람보다 시간이 많이 걸리는 타입이었을 것이다.

자녀들 중에도 멋대로 혼자 뛰쳐 나가려고 하는 아이도 있고, 언제까지나 엄마의 치마폭을 붙잡고 있는 아이도 있다.

상사는 부하를 가르치고, 키우고, 칭찬하면서 자신감을 불어 넣어 주어야 한다. 동행하거나 독립시키거나 하려면 고생이 심하겠지만, 부하를 키우는 것이나 자식을 키우는 것이나 그 방식은 같다.

누군가가 자신을 지켜봐 주고 있다

어떤 호텔의 사장한테 이런 이야기를 들었다. 이 사람은 대형 호텔의 체인 본부에서 일하고 있다가 매우 경쟁이 심한 관광지 호텔의 사장으로 부임하게 되었다. 취임할 당시, 그 호텔의 경영 실적은 그다지 좋지 않았다.

여러 가지 매상 확대 전략을 실시함과 동시에, 호텔의 재산이라고도 할 수 있는 사원들 한 사람 한 사람의 마음을 움직이는 방법을 생각해냈다. 그래서 모든 사원들의 생일에 근무중에 얼핏 본 그 부하의 좋은 행동을 칭찬한 말을 직접 써 넣은 카드를 보내기

시작했다.

호텔의 종업원, 특히 여성들은 이 신임 사장의 카드를 받고는 진심으로 기뻐했다. 다른 영업 전략과 함께 이러한 사장의 마음 씀씀이도 더해져서, 부임한 지 3년 만에 이 호텔은 그 지역에서 실적이 가장 높은 호텔이 되었다고 한다.

페이스 투 페이스의 대화, 전화에 의한 보이스 투 보이스의 대화 이상으로 개인에게 보내는 생일 축하 카드는 부하들에게 마음의 따스함을 전했던 것이다. 사람은 누군가가 자신의 행동을 지켜봐 주거나, 칭찬해 주거나, 예뻐해 주거나 하는 동기부여가 있으면, 세일즈 업무나 접객 업무가 서툰 사람도 이 호텔의 사원들처럼 점점 더 적극적인 활동을 하게 된다.

고객한테 시달리면서 자란다

신입사원은 사내연수를 간략하게 받은 뒤, 각 부문에 배치된다. 영업 부문이라면 업무 지식이나 기술, 관련 부문의 정보 등의 연수를 받고, 그 뒤에 선배가 리더로서 지도를 맡는다. 한동안은 선배가 고객 방문 등에 동행하여 가르쳐 주지만, 일정 기간이 지나면 독립한 세일즈 사원으로서 특정 고객이나 지역을 담당하게 된다.

따라서 연간 달성 목표액이 정해지면 매일, 매주, 월간이나 주간의 스케줄을 짜고, 부지런히 돌아다니지 않으면 안 된다.

그때, 업무의 목표를 "팔고 기뻐하고, 산 손님도 기뻐한다"는 것에 초점을 둘 수 있는 사람은 다행이다. 세일즈 업무는 그다지 좋아하지 않지만, 뚜렷한 목표가 있어 달성하려고 노력하는 사람도 안심이다.

그러나 세일즈는 죽어도 싫다거나, 알지도 못하는 회사나 사람을 찾아가다니 딱 질색이라고 처음부터 도망치고 싶어하는 사람도 있다. 새롭게 거래를 트려고 하다가 계속 거절을 당하면, 고객과 면접을 하기는커녕 그 전에 의기소침해져 버린다.

어떤 세일즈 팀장은 "그 심정을 알 수 있지. 나도 무더운 여름날 온종일 뛰어 돌아다녔으나 차례차례로 거절당하고, 싫증이 나서 영화관에서 더위를 식히고 돌아갔더니, 상사가 당장에 영화 구경하고 온 것을 알아내더라니까. 와이셔츠 등의 주름을 보고 알았다는 얘기를 듣고, '과연 베테랑은 무섭구나' 하고 생각했거든" 하고 말했다. 그것을 극복하는 것은 자신의 스트레스를 견뎌내는 힘과 지속력, 그리고 마음을 굳게 먹는 복원력일 것이다.

고객에게 찾아가 면담 기회를 만들고 돌아다니는 적극적인 일이 좋아지게 되는 계기는, 손님이 "좋았어!" 하고 기뻐해 주는 말 한마디다. 손님이 기뻐하는 형태에는 여러 가지가 있는데, "새로

운 상품이나 서비스를 소개해 주어서 고맙네", "생활을 편리하게
해주는 상품이나 서비스를 알게 되어 고맙네", "집안일이 훨씬 줄
게 되었다네", "상품이 재빨리 배달되는 구입 방법은 정말 좋았
네" 등 그 사람의 기대에 따라서 달라진다. 고객은 새로운 욕구에
대한 해답을 찾고 있다. 그 고객의 욕구를 정확하게 파악하여,
"좋았어!" 하고 말하게 만드는 세일즈 면접 요령을 찾아 보기로
하자.

호감을 사는 방문 면접

IT가 발전함에 따라서 세일즈가 점점 디지털화되는 것 같다. 그
러나 마음이 따뜻해지는 페이스 투 페이스의 세일즈 면접은 역시
아날로그여서 논리만이 아닌, 인간미 넘치는 대화가 중심이다.

매일매일 고객과 만나서 상품이나 서비스 이야기를 하고 있는
사이에 신뢰 관계가 구축된다. 가끔 제시하고 있는 상품이나 서
비스가 필요 없는 경우라도, "당신이 마음에 들었어. 앞으로도 종
종 만납시다" 하고 말하고, 이런 상품은 없는가, 이러한 서비스는
없는가 하는 식의 이야기가 나오게 되면 가장 좋다.

세일즈 면접에서 호감을 사는 행위나 태도를 예를 들어 보겠다.

    🔹 고객의 하루, 1주일 간의 행동을 파악하여 상대방에게 편리한 방문 시간을 고른다.

    🔹 부지런히 짧은 시간, 그리고 정기적으로 방문한다.

    🔹 고객의 사업에 도움이 되는 정보를 찾아내서 알려 준다.

    🔹 말은 적게 하고, 맞장구를 잘 쳐서 이야기를 이끌어내는 면담을 한다.

    🔹 고객과의 이야기가 재미있더라도 그것에 편승해서 오래 있는 것은 피한다.

    🔹 동업자에 대한 악담을 하지 않는다.

    🔹 약속을 지키고, 약속시간에는 절대로 늦지 않는다. 사전 준비와 사후 준비를 잊지 않는다.

    🔹 거짓말을 하지 않는다. 아무 일이나 손쉽게 떠맡지 않는다. 할 수 있는 한도를 분명하게 고객에게 알린다.

    🔹 전화통화의 달인이 된다.

    🔹 고객과의 비즈니스 내용 등에 대해서 비밀을 지킨다.

이러한 포인트들은 성공한 세일즈맨의 행동에서 모은 것이다. 또 이 밖에도 많은 배려가 있을 것이다. 세일즈 면접은 고객의 심리를 읽어내는 장면이므로 계속해 나가는 사이에 어느덧 인간 이해의 전문가가 될 것이다.

3년 연속해서 기쁨을 발견하라

세일즈 업무를 성공으로 이끄는 능력 항목은 기업에 따라서 다르겠지만, 기본적인 것은 공통성이 있다. 그것을 예를 들어 보기로 한다.

인물 평가에서 능력 평가를 할 때, 직무별 능력 평가 항목으로는 다음의 도표처럼 관리직·영업직·기술직·연구개발직·시스템 엔지니어 등으로 분류한 능력 리스트가 있다.

영업직 가운데서 주된 항목은 '세일즈 의욕, 고객 지향, 윤리성, 활동력, 정보 수집력, 구두 표현력, 계획력, 스트레스 내성, 감수성, 복원력' 등이다.

이 리스트를 생명보험회사의 세일즈 담당자에게 보였더니, "나에게는 이렇게 많은 능력은 없지만, 스트레스 내성과 집착성, 복원력은 갖고 있다고 생각합니다" 하고 말했다. 이 사람은 보험 영업을 현재까지 18년 동안 계속하고 있으나, 일의 재미를 알게 된 것은 3년째가 지난 후부터였다고 한다.

그녀는 "이 일의 요령은 싫증을 내지 않고 계속하는 것입니다. 처음부터 프로는 없습니다. 아마추어인 주부가 어떻게든 일을 계속해 나가려면 어깨에 지나치게 힘을 주지 말고 선배나 손님들한테 배우면서, 처음 3년을 어쨌든 좌절하지 않고 계속하는 것입니

【직무와 요구되는 능력 항목】

관리직	기술직	영업직	연구개발직
영향력	활동력	활동력	활동력
활동력	스트레스 내성	윤리성	스트레스 내성
유연성	유연성	스트레스 내성	집착성
감수성	커뮤니케이션 능력	감수성	커뮤니케이션 능력
커뮤니케이션 능력	정보 구축력	커뮤니케이션 능력	정보 구축력
정보 구축력	직무 달성 기준	정보 수집력	분석력, 판단력
분석력, 판단력	분석력, 판단력	판단력	창조력
계획·조직력	계획·조직력	계획력	계획력
인재 육성력	전문 지식	고객 지향	전문 지식
리더십	팀워크	복원력	대 개인 리더십
결단력		세일즈 의욕	

다. 그러는 사이에 일의 재미를 알게 됩니다. 언제나 유감스럽게 생각하는 것은 3개월이나 6개월쯤 되었을 때, 자신에게는 맞지 않는다든가, 체력이 견뎌내지를 못한다면서 그만두는 사람이 많다는 것입니다. 물론 나도 목표를 달성하지 못했을 때는 낙담했습니다. 동료가 자꾸만 실적을 올려 나가면, 나에게도 이런 일이 맞지 않는 것이 아닐까 하고 생각했지만, 사람에게는 각자 자신의 타입이 있고 방식이 있으니까 어쨌든 3년간은 계속해보자고 결심했습니다. 그런데 어느 날, 손님한테서 '당신이 추천해줘서

보험에 들었는데, 들기를 잘 했다'는 말을 듣고, 그 말에 고무되어서 이 일이 점점 좋아졌습니다. 그래도 실망해서 그만둘까 하는 생각이 들 때, 이 말을 생각해내고 내 자신을 독려합니다"라고 말했다.

그녀의 이야기를 들으면 '행동력'과 '복원력'이 있다는 것을 알 수 있다.

행동력(vitality)이라는 말은 자못 원기왕성한 것 같은 인상을 주지만, 그러한 활력과 동시에 지속하는 힘까지도 의미한다.

복원력이란 손님으로부터 꾸중을 듣거나 실패 등을 해서 실망해도 다시 일어설 수 있는 능력이다. 어쨌든 계속하자고 스스로 결심한 것은 지속력일 것이다. 또 세일즈를 하려면 스트레스가 많이 쌓이겠지만, 그것을 스스로 능숙하게 해소하고 재빨리 떨쳐버리는 강한 스트레스 내성이 필요할 것이다.

몸차림이 80%

"몸차림이 80%"라는 말이 있다. '무슨 일을 하더라도, 외출하기 전에 몸차림을 단정히 하는 습관을 가져라. 그것을 할 수 있으면 일은 이미 80%는 성공한 것이나 다름이 없다'고 하는 의미이다.

　사전 준비의 중요성을 말한 것이지만, 방문 상담에 대해서도 같은 말을 할 수가 있다.

　방문하기 전에 자신의 표정이나 태도, 복장이나 소지품을 체크하는 것이 중요하다. 외모가 말보다도 웅변적으로 무엇인가를 이야기해 준다.

　외모나 표정이 자신에게는 안 보이므로 제일 먼저 해야 하는 일은 거울을 보는 일이다. 다음은 소지품 체크이다. 내 핸드백 속은 언제나 뒤죽박죽이어서 막상 명함을 꺼내려고 할 때 좀처럼 나오지를 않아서 창피를 당하곤 한다.

　상품의 샘플이나 팜플릿, 그 밖에 방문 목적에 맞춘 자료를 준비하는 것이 중요하다. 그러나 그 일에 지나치게 많은 시간을 빼앗기면, 출발 시간이 늦어져서 방문 시간을 놓치고 만다.

　언젠가 자동차 세일즈맨들의 시간 사용 방법을 조사해 본 적이 있다. 출발하기 전의 자료 준비나 고객 정보의 정리, 회사로 돌아온 후의 보고서 등의 작성, 그 밖에 교통이나 이동 등에 시간을 빼앗겨서 실제로 고객과 만나 상담을 하는 시간은 하루의 업무시간 중 25% 정도였다.

　고객과 만나서 대화를 하는 시간을 어떻게 많이 확보하느냐는 자신의 소중한 노동력의 효율 활용이다. 고객은 전화에는 몹시 방어적이므로 계획성 있게 고객과 면담할 수 있는 시간을 만들기

위해서는 면담 약속을 능숙하게 받아내는 전화 통화의 달인이 되어야 한다.

방문 면담을 효율성이 높게 하려면, 하루의 방문 계획이 빈틈없이 준비되어 있어야 한다. 고객을 방문할 때는 사전에 면담 약속을 해놓지만, 물론 기습 방문도 있다. 특히 자신의 영역 안에는 얼굴 익히기 작전으로 빠짐 없이 돌아다닐 필요가 있다.

전화 예약은 거절해 버리면 끝이고, 개인 고객에 대한 기습 방문은 최근에는 열 집을 돌아다녀도 한 사람도 만날 수 없는 경우도 많아서 어쨌든 체력 승부다.

세일즈 방문은 상대방이 초청한 것이 아니라 이쪽에서 제멋대로 찾아가는 것이므로 환영을 받을 리가 없다. 환대받지 못하는 손님인 셈이다. 그래서 면담 절차를 밟기 전에 팜플릿이나 전화, 기습 방문 또는 소개장 등을 적절하게 활용하여 효과를 내는 계획력이나, 연락을 계속하는 활동력이 필요하다.

윈윈 교섭술

상담을 진행시키고 있을 때, 영업사원과 고객의 의견이 맞지 않고 이해가 상반되어서 일이 성사될 때까지 끈질기게 교섭이나 절

충을 하지 않으면 안 될 때가 있다. 영업사원 쪽에서는 도전이기도 하고 괴로운 면이기도 하다.

그래서 교섭 내용이 중요한데 주제가 되는 것은 가격, 납기, 제품의 질이나 사양, 서비스의 범위, 후속 조치 등일 것이다.

이러한 교섭은 고객에게 새로운 욕구가 생겼을 때 또는 고객 사이드의 전략이나 전술에 변경이 있는 경우에 시작된다. 또는 고객의 상사의 의견이나, 타사로부터의 경쟁적인 접근 때문에 이야기가 달라지게 되는 경우도 있다.

교섭이 시작되었을 때 쌍방 모두가 납득하고 만족하는, 이른바 '윈윈(win-win)' 상황으로 끝날 수 있는가, 또는 '로스·윈'으로 끝나게 되느냐가 영업의 결투장이고, 대화술의 지혜와 솜씨의 발휘처이다.

교섭은 다음 도표와 같이 4가지 형식이 나오게 된다.

'적대적 교섭(loss-loss)'은 완전히 비생산적이고, 있어서는 안 되는 교섭이다. 만일 한쪽의 의견이 도저히 상대방에게 받아들여질 수 없는 것이라 하더라도, 영업사원은 이번의 상담이 원만히 해결되지 않은 것을 사과하고, 앞으로의 인연을 이어가도록 해야 한다.

동시에 그러한 교섭이 되어 버린 원인을 잘 조사해서, 서로에게

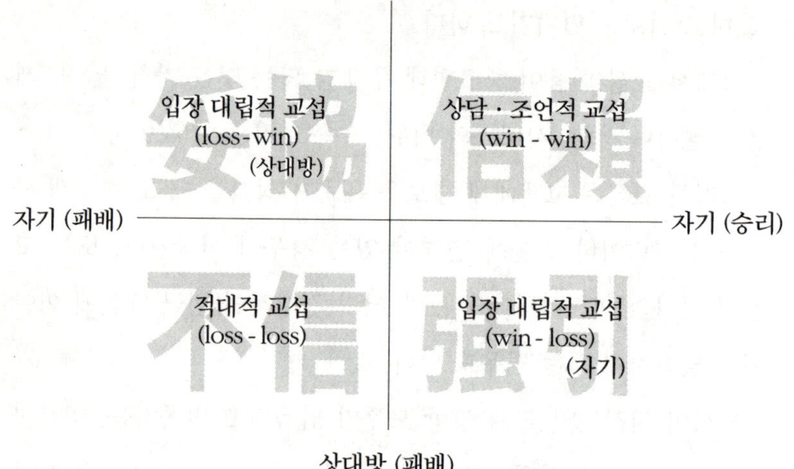

【교섭의 방식】

불신감이 남지 않도록 대화력의 향상에 노력한다.

'입장 대립적 교섭(win-loss)'에는 두 개의 다른 경우가 있다.

하나는 상대방의 힘이 강대해서 이쪽의 의견을 관철시킬 수 없을 때이다. 하청업자나 자회사의 영업사원이 모회사와 상담을 하는 경우, 상대방이 윈이고, 자신이 로스가 되기 쉽다. 이럴 때는 아무리 해도 "강한 자에게는 승산이 없으니까" 하고 스스로 나약해지기 쉽지만, 간단히 타협하는 것이 아니라 전략적으로 1보 후퇴 2보 전진을 할 수 있는 지혜를 짜내야 한다.

그렇게는 말해도, 고객의 의견을 받아들이든가, 거절하든가, 그 어느 쪽도 할 수 없는 난처한 입장에 서게 되어서 골치를 썩힐 것이다. 더욱 곤란한 것은 모처럼 상담이 성립되더라도 상사로부터 꾸지람을 듣거나 할 때이다.

그 대책은 다른 고객의 상품 활용 정보나, 만족하고 있는 서비스에 대한 정보 등을 마련하여 사전 준비를 충분히 하는 것이다. 제공하는 상품이나 서비스의 값어치를 설명하고, 서비스의 질을 증명해서 상대방의 신뢰를 획득하는 노력을 한다. 그 뿐만 아니라, 평소부터 자주 방문해서 고객과의 인간 관계를 좋게 만들어 두는 것이 무엇보다도 큰 도움이 될 것이다.

또 하나의 경우는 자신이 강한 입장에 서 있을 때이지만 이때도 그리 쉽지가 않다. 이쪽이 모회사이거나, 상대방이 너무 소규모 회사여서 처음부터 상대가 '지는 것이 이기는 것'이라는 자세로 교섭에 응해 올 때이다.

이럴 때 조심하지 않으면 안 되는 것은 입장의 힘, 즉 포지션 파워를 앞세워서 강압적인 대화를 해서는 안 된다. 상대방의 자존심을 상하게 하는 일 없이 교섭 목적에 따라서 논리를 소중히 하면서 데이터에 의거한 공정한 교섭을 하는 것이다. 무리하거나 우격다짐은 절대로 안 된다. 왜냐하면 뜻하지 않은 곳에서 함정에 빠질 우려가 있기 때문이다. '상담·조언적 교섭(win-win)'은

가장 바람직한 방식이다. 영업사원이 제시한 것에 고객이 만족해서 상담이 성립된다. 여기에 이를 때까지 영업사원은 고객의 욕구나 희망사항을 파악하고, 제공 상품의 우수성을 설명해서 상대방을 납득시킨다. 그리고 고객이 '이 영업팀은 진심으로 우리를 위해 생각해 주고 있다'고 생각하게 되면, 이미 영업사원과 고객이라는 관계를 뛰어넘어서 서로 신뢰하는 친구가 된다.

고객과의 '전략적 응수'

고객에게도 형편이 있으므로 여러 가지 교섭 전략을 세워서 자신의 의견을 관철하는 대화 전술을 사용한다. 자주 쓰이는 고객의 주장은 다음과 같이 열거하자면 끝이 없을 정도로 교섭의 재료가 나온다.

- 다른 회사에서 좋은 조건을 제시해 왔다.
- 이것밖에 예산이 없다.
- 전에 다니던 영업사원은 값을 깎는 데 응했다.
- 납기가 빨라졌다.
- 내친 김에 이 조건도 집어 넣어 주시오.

  때로는 담당자, 과장, 부장 등이 대거 몰려 나와서 영업사원이 인원수에 압도당하는 경우도 있다.

  영업사원의 대화술이 힘을 발휘하는 것은 이런 때이다

  한마디로 말할 수는 없지만, 상대방의 이야기를 잘 듣는 것이 바람직하다. 때때로 상대방의 주장을 그대로 되풀이하는 '앵무새' 전술은 대단히 효과가 있다. 상대방이 말하는 것을 하나하나 확인하면서, "…하다는 말이군요" 하고 반복하고나서 약간 사이를 두었다가 난처한 얼굴을 해 보인다.

  상대방은 자신의 주장을 상대방의 말로 듣게 되니까, 문득 "나도 약간 무리하게 말을 한 것이 아닐까?"라든가, "조금 미안한데" 하는 기분이 되어서 주장이 약간 부드러워진다. 하지만 이 방법은 지나치게 장황스러우면 상대방이 짜증스러워할 지도 모른다. 상대방의 기분을 잘 살펴 가면서 교섭한다.

  또 그 자리에서 회답을 하지 않으면 안 되는 것과 조금이라도 시간의 유예가 있는 지 어떤 지 등을 묻는 것도 필요하다. 결단이 필요한 어려운 교섭이 될 것 같은 때에는 방문하기 전에 고객이 꺼낼 것 같은 의견을 예측하고, 상사에게 동행을 부탁하는 것도 좋을 것이다.

정석대로의 면접에 경탄

생명보험회사에서 우수한 성적을 올린 사람들만 모아서 면접 프로그램을 만든 일이 있었다. 과연 우수한 모집인뿐이었다. 시범을 보여 달라고 했더니, 첫 번째 방문은 7분, 두 번째 방문은 8분, 마지막 방문은 서류를 작성하는 방법 등을 설명해주어야 하므로 약 10분, 그리고 이 세 번의 방문으로 계약을 성사시켰다. 몇 번을 해봐도, 누구를 상대로 하든 간에, 정해진 규칙에 따라 3회에 계약을 했다. 그 준비의 철저함과 이야기의 진행 방법에 나는 경탄을 금치 못했다.

첫 번째 방문할 때 제시하는 세일즈맨들의 철저한 사전 준비와 고객의 정보에 대한 깊은 이해를 엿볼 수가 있었다. 대화 시간에도 첫회에서는 고객이 대부분 이야기를 하도록 하는 질문을 마련해서, 상대방의 의견을 끌어내는 면접을 했다.

두 번째는 고객이 선택할 수 있도록 하기 위해서 그때까지 확인한 고객의 요망이나 상황을 바탕으로 작성한 계획서가 2, 3종류 준비되어 있었는데, 고객에게 선택권을 주면서 이야기를 진행시켜 나갔다.

그러는 사이에 고객은 "만일 보험에 든다면, 내 경우는 이런 것 쪽이?"라든가, "만일 보험을 든다면, 누구로 하는 편이 좋을

까?", "만일 결정한다면, A안과 B안 중에서는 A안이 나에게 맞을지도 모르겠군" 하는 식으로, 무의식적으로 '만일'이라는 말을 되풀이하면서 점점 구체적인 내용으로 이끌려 갔다.

오랜 경험에서 연마된 훌륭한 대화의 교섭 기술이었다.

세 번째는 준비한 내용에 대해서 하나하나 고객을 납득시켜 가면서 계약을 성사시켰다.

약속을 지킬 것

방문하기 전에 전화로 예약을 하면, 무슨 일이 있든 간에 시간을 엄수해야 한다. 사람들이 지금처럼 바쁘게 활동하고 있는 시대에는 타인의 시간을 존중하지 않으면 비즈니스를 할 수가 없다. 약속도 없이 사무실로 찾아가 상대방의 시간을 무단으로 침입하는 것은 실례다.

최초의 방문 면담 신청에 팩스나 E-메일은 어떨까? 사람에 따라서 팩스 쪽이 일일이 불려 다니지 않아서 좋다고 하는 사람과 역시 전화 쪽이 좋다고 하는 사람이 있다.

전화와 팩스의 병용으로 시간이나 장소를 확인할 필요가 있는 경우도 있다. 친근해지고 난 다음에는 E-메일도 좋겠지만, 처음

인 경우에는 사람에 따라서는 사전에 "E-메일이라도 괜찮겠습니까?" 하고 양해를 구할 필요가 있을 지도 모른다.

최근의 경험에 의하면 해외의 기업과 비즈니스를 할 때는 상대방의 전화가 대부분 음성 메일로 되어 있기 때문에, E-메일이 가장 정확하고 반응도 빠른 것 같다. 자신의 시간을 빼앗기고 싶지 않으며, 자신의 비즈니스 시간은 자신의 계획에 따라서 쓰고 싶다는 사람이 늘어났기 때문일 것이다.

또 상대방이 간부인 경우, 본인에게 연락을 하는 것보다는 비서와 협의를 하는 것이 결례를 피할 수 있다.

사람에 따라서는 휴대 전화(핸드폰)에 걸어 오는 것을 싫어하는 사람이 있다. '휴대 전화에까지 전화를 걸어 오다니, 당신과 그 정도로까지 친근한 교제를 한 적이 없는데' 하고 생각하는 사람도 있고, 휴대 전화는 잘 안 들려서 싫다고 하는 사람도 있다.

휴대 전화는 싫다고 말했다가는 비즈니스 사회에서 패자가 되어 버릴 것 같지만, 휴대 전화의 발전 역사가 짧기 때문에 가치관이 다양하고, 한 사람 한 사람이 서로 다른 방침을 갖고 있다.

특히 처음 만나는 고객과의 면담 요청 전화는 거리의 잡음이 들어가지 않는 곳이나 사무실 같은 데서 차분히 앉아서 걸고, 그 자리에서 메모하지 않으면 실패의 원인이 된다.

방문할 때는 적어도 예정 시간보다 5분이나 10분 전에 도착해

서 접수계에 안내를 부탁해야 한다. 그렇다고 해서 너무 빠른 것도 실례이다. 자동차를 이용했을 때, "정체 때문에 늦었습니다"하는 것은 변명이 되지를 않는다. 만약 늦어질 것 같을 때에는 반드시 약속시간 전에 전화를 걸어야 한다.

이런 것은 상식이지만, 늦어지면 초조해져서 자칫 약속시간을 넘기고나서 사과 전화를 거는 실례를 범하게 된다.

보이스 투 보이스 대화의 요령

'목소리의 비즈니스' – 달인은 최고의 인기

　최근의 비즈니스는 우선 전화에서부터 시작되는 경우가 많아서, 회사들마다 모두 콜 센터를 설치하고 고객에게 전화 서비스를 제공하고 있다. 한마디로 콜 센터라고 하더라도, 무료 통화나 고객 서비스 센터, 고객 상담실 등 목적별로 다양한 형태의 조직으로 되어 있다.

　콜 센터의 업무는 상품이나 서비스를 소개하는, 이른바 아웃바운드라고 하는 고객에게 거는 세일즈 전화도 많다. 하지만 최근에는 아웃바운드보다는 인바운드, 즉 고객에게서 걸려 오는 문의나 상담, 또는 불만에 대해서 응답하는 업무 쪽이 압도적으로 늘

어난 것 같다.

그 경우, 고객은 자신의 기대에 맞춰서 얼른 알기 쉽게 가르쳐 달라, 불만을 해소시켜 달라, 난처한 상황을 타개해 주고 화가 나 있는 심정을 이해해 달라, 자신은 무리한 말을 하고 있는 것이 아 니라는 감정으로 전화상에서 짜증스러워하고 있는 경우가 많다.

이러한 전화의 응대자는 대화의 달인이어야 하고, 고객의 심리 를 이해하고, 그리고 자신의 감정을 정확하게 조절할 수 있는 사 람이어야 한다. 특히 고충 전화나 계약의 해약 전화 등은 자칫 잘 못 다루면 큰 문제를 일으키게 된다.

어느 콜 센터나 모두 인간미가 있는 다정스런 대화를 진행할 수 있는 사람이나, 상냥한 목소리를 가진 상담원을 어떻게 채용하고 육성해 나가느냐가 가장 시급한 문제이다. 또 그 일을 지도하고 지원을 하는 관리자의 인원 부족이나 육성 방법도 문제점으로 지 적되고 있다.

무엇보다도 더 큰 과제는 관리자나 경영자가 이 업무의 중요성 을 이해하고, 강력한 지원체제를 만듦과 동시에, 전략적인 운영 방침을 명확히 밝혀 주는 일이다.

텔레 콜에 대한 불만

텔레마케팅 회사 가운데는 고객에 대한 세일즈 콜을 업무로서 대행해주는 곳이 적지 않다. 그런 탓인 지 많은 가정에 세일즈 콜이 '언제든지 어디서나' 걸려온다.

주부들의 잡담 중에 단연 화제의 초점은 쉴 새 없이 걸려오는 세일즈 콜에 대한 불평이다.

"집에 있으면 세일즈 전화가 적어도 두세 통은 걸려 온다니까"

"그래, 맞아. 묘지라든가 주택이라든가. 얘기는 길어지고, 게다가 상냥한 목소리가 오히려 기분이 더 나쁘다니까"

"얼마 전에는, '손님께서 10년 전에 20여 만 엔을 주고 사 간 카펫 말인데요, 좋은 물건이니까 무료로 세탁을 해주겠어요' 라고 하더라구요. 어디서 조사해서 남의 집에 카펫이 있는 것을 다 알고 있는 거죠? 무료라고 하지만 공짜만큼 무서운 게 없거든요"

"우리 집에는 중학생인 아이가 있잖아요. 학원의 안내나 가정교사, 또 교재의 권유 등 차례차례로 전화가 걸려 오는 거예요. '자녀분의 지금 성적에 만족하고 계십니까?' 하는 따위는 정말 실례라구요. 더구나 할머니가 전화를 받았을 때는 완전히 설득당해서 '아이를 위해서니까 사주자' 고 아예 상대방과 한편이 되어 버린다니까요"

모든 불평을 다 털어놓자면 한이 없다.

"나는 정말 큰 곤혹을 치뤘어요" 하고, 마치 소설 같은 이야기를 해준 사람이 있었다.

"어느 날, 남편에게 젊은 여성으로부터 전화가 걸려 왔는데 이름도 밝히지 않아서, '지금 없어요' 라고 하니까 그냥 전화를 끊어요. 두 번째에는 남편에게 바꿔 주는 시늉을 하고 상대방의 이름을 물어 보니까, 그제서야 이름을 밝히더라고요. 하지만 부재중이라고 했더니 들어오는 즉시 전화를 달라는 메모를 남기고 전화를 끊어요.

남편에게 물어봤지만 짐작이 가는 데가 없다고 하는 거예요. 그 뒤, 다시 전화가 걸려 왔기에 끈질기게 용건을 물어 보았으나, '계실 때 다시 걸겠습니다' 하더라고요.

자꾸 그러니까 '설마 바람을 피우는 것은 아닐까' 하는 의심이 부쩍 들고요. 그 뒤, 마침 남편이 집에 있을 때 전화가 걸려 와서 겨우 용건을 알 수 있었는데 결혼하기 전에 가입했던 회원제 레저 시설로부터 걸려 온 전화였어요. 지금은 탈퇴했기 때문에, 다시 가입하라는 권유의 전화로 그 뒤부터는 남편에게 집요하게 권하고, 다방에서 만나고 싶다, 자세한 얘기를 하고 싶다고 했으나 남편이 단호히 거절했죠.

이것이 원인이 되어 가정불화가 생긴다면, 도대체 누가 책임을

지죠?" 하고, 그녀는 어처구니 없어 했다.

텔레마케팅 회사도 전혀 모르는 상대방에게 세일즈 콜을 하기 보다는 다른 통신매체와 연계해서 고객으로부터 콜을 받고, 그것을 수준이 높은 고객 만족으로 이어나갈 수 있도록 센터 기능의 충실을 꾀하는 곳이 늘어나고 있다.

이 비즈니스 분야에서는 고객의 콜은 귀중한 데이터이어서, 다양한 형태로 데이터를 분석하여 그것을 상품화하고 있다.

상담 전화에 답해서 고객들이 즐겁게 배울 수 있도록 새로운 생활 제안을 차례차례로 해준다면, 텔레콜에 대한 주부들의 지지는 높아질 것이다. 또 앞으로 더욱 새로운 서비스나 시스템이 개발되어 생활의 편리성을 높여 줄 것을 기대한다.

그러나 현재로서는 일반인들은 아직도 세일즈 콜의 융단 폭격에 노출되어 짜증스러워하거나 화가 나 있다. 기업이 고객에게도 도움이 되고, 사업에도 이익이 되는 정보를 전달하려고 해도, 고객의 생활습관이나 심정에 배려한 정보가 아니면, 불쾌감만 남기고 이야기는 끝난다.

목소리와 대화 방법의 힘

텔레마케팅에서 고객 만족을 획득할 때 중요한 것은 최초의 응답자의 보이스 투 보이스 대화 능력이다. 고객은 다양한 기대를 품고 전화를 걸기 때문에 고객을 만족시키고, 신뢰를 얻을 수 있는 훌륭한 응답을 할 수 있는 경험자가 필요하다. 일손 부족이나 인건비 때문에 있어서 파견 사원을 많이 활용하는데 정직원이든 파견 사원이든 간에 대화 능력을 높이는 교육은 필요하며, 앞으로는 그것이 한층 더 중요해질 것이다.

어떤 경영자가 다음과 같이 이야기해 주었다.

"대학을 나온 머리가 좋은 사람들이 많이 응모했지만, 그런 사람들이 콜 센터의 업무에 적합하다고는 단언할 수 없습니다. 면접에서는 시원시원하게 이야기를 하니까 무심결에 채용해 버립니다. 응대 매뉴얼의 이해가 빠르고, 실제로 상담원 일을 맡겨 보니까 상품이나 서비스 정보를 상대방에게 전하는 내용이 명쾌하고, 고객의 문의사항이나 불만 내용을 보고하는 일일 보고서도 신속하고 훌륭하게 작성합니다. 그래서 좋은 사람을 채용했다고 기뻐했지만, 차츰 문제가 있다는 것을 깨닫게 되더군요.

그러한 사람들 가운데는 응대 때의 단어 선택이나 목소리가 냉정해서 고객에게 정을 전하지 못하는 사람이 있습니다. 나중에

고객으로부터 응대에 대한 불만을 듣거나 해서, 사내의 평가와 고객의 평가 차이에 놀라는 경우가 있습니다.

일류 대학을 나왔다거나, 머리가 좋으니까 목소리의 응답에서 따뜻한 마음의 배려를 나타내 보일 수 있다거나, 자기 일처럼 상대방의 이야기를 듣는 심리적인 배려를 할 수 있다고는 단정할 수가 없습니다.

보이스 투 보이스 면접에 필요한 대화 능력에는 상대방의 심정을 듣는 능력이 필요합니다. 그 능력은 그 사람이 자라온 가정환경에서 키워집니다. 또 학창 시절에 친구들과 교제하던 태도 등에 힘입은 바가 커서, 이 업무를 맡았다고 해서 성급하게 촉성 재배와 같은 교육을 해보았자 무리입니다.

상담원을 채용할 때, 지금까지의 생활환경으로부터 몸에 익은 언어 능력을 특히 신경을 써서 관찰합니다. 특히 가정 안에서 어떤 대화가 오갔는가를 물어봅니다. 가정 안에서 평상시에 자연스러운 대화를 하고, 상대방에 대한 이야기를 듣는 태도나 목소리를 내는 방법 등을 몸에 익히고 있고, 가족이나 이웃사람과 다정스런 말이나 경어를 써서 대화를 하고 있는가, 그리고 그 대화 방법을 어떻게 배워 왔는가 등이 이 일을 수행하는 능력의 바탕이 됩니다"

이 경영자는 다시 계속해서, 응시자가 학교에서 선생님이나 급

우와 어떤 인간 관계를 갖고 어떤 일상대화를 해왔느냐가, 전화 응대에서 대화 방법의 질을 결정하는 데 크게 영향을 미친다고 말했다. 또 응시자에게는 일본어를 정확히 이야기할 수 있을 것, 말의 의미를 정확히 알고 있을 것, 어휘가 풍부하고 언어 선택이 적절할 것 등이 필요하다고 강조했다.

그는 현대풍의 일본어의 혼란을 지적하고 있는 것이 아니다. 타인과의 대화 속에서 상대방이 말하려고 하는 것을 정확히 인식하고, 거기에 담긴 마음을 읽어내고, 나타나 있는 감정을 긍정적으로 받아들일 수 있는 마음의 여유가 있는 응대자가 필요하다는 것이다. 콜 센터가 필요로 하는 사람은 바로 그런 사람이다.

IQ보다 EQ가 높은 사람이 필요하다

이 분야에서 오랫동안 일해 왔기 때문에 보이스 투 보이스의 면접 포인트를 정확하게 지적하고 있는 이 사람의 말에 나는 감탄했다.

그는 다시 말을 계속했다.

"편차값이 높은 사람이 좋은 응대자가 된다고는 할 수 없으며,

매뉴얼을 빨리 외우고 효율성 높게 처리하는 사람을 채용하는 것에만 역점을 두어서는 안 됩니다. 좋은 머리가 오히려 마이너스가 되는 경우도 있습니다. IQ가 중요한 것이 아니고, EQ가 높은 것이 이 일의 필요 조건입니다"

이 경영자한테 '콜 센터에서 일하는 사람에게는 EQ가 필요하다'는 말을 듣고 나는 이해할 수 있었다. 다양한 정보기기가 사용되는 IT 시대이기 때문에, 바로 그것을 활용하여 고객 만족을 얻으려고 한다면 EQ, 즉 감성 지수(Emotional Intelligence)가 강력히 요구될 것이다.

EQ가 화제가 되기 시작한 것은, 예일 대학의 피터 살로베이 박사와 뉴햄프셔 대학의 존 메이 박사가 〈감정에도 지성이 있다〉고 하는 논문을 1989년에 발표하여 주목을 끈 데서부터이다. 그 후, 1995년에 대니얼 골먼 박사의 저서, 『EQ : 마음의 지능 지수』가 미국과 일본에서 베스트셀러가 되면서 EQ라는 말이 폭넓게 쓰이게 되었다.

이 경영자가 EQ의 중요성을 강조하는 이유는 "IQ가 높은 사람들 가운데는 고객의 이야기를 정확히 이해하려고 서둔 나머지 문제를 논리적으로만 인식하고, 원인 규명에서 결론으로 지나치게 정연하게 진행해 버린다. 그 결과, 배후에 있는 고객의 곤혹이나 불만 섞인 감정을 무시해 버려서, 그 심정을 충분히 들어 줄 수가 없다.

그리고 이야기하는 사이사이에 적절하게 맞장구를 치는 일이 거의 없어서, 고객은 회사에 유리한 결론을 강요당한 것 같은 기분을 갖게 된다"는 것이다.

그는 "고객을 끝까지 추궁하거나 설파하러들면 안 됩니다. 고객 만족도가 높은 전화 상담이 되지를 않습니다"라고 말했다.

클레임이 기업을 키운다

앞에서 소개한 경영자와 같은 발언이 DHP사의 『보이스(VOICE)』지(2000년 11월호)에 실려 있었다. 벨 시스템 24(주)의 사장인 소노야마 마사오 씨의 〈클레임이 기업을 키운다〉는 테마물이다. 콜 센터의 상담에 도움이 되는 훌륭한 키워드가 담겨 있어서 그 내용을 인용한다.

🖱 고객 상담실에 보내오는 고객의 클레임은 기업 이념이나 경영 자세에 깊이 관련되어 있다.

🖱 인터넷 시대의 비즈니스는 고객 중심의 사업 전개를 하지 않을 수 없다.

● 고객을 어떻게 창조하고 어떻게 유지해 나가느냐가 중요하다.

● 고객을 개인 손님으로 다루려면, 지금까지의 콜 데이터가 잘 관리되어 있고, 응대자가 "몇월 며칠에는 연락을 주셔서 감사합니다" 하고 응대할 수 있는 원 투 원 마케팅 수법이 필요하다.

● 응답자는 고객의 의견을 디지털에 분류정리해서 보고함과 동시에, 아날로그적인 대화로 인간미 넘치는 생생한 대화를 할 필요가 있다. 예를 들면, 고객이 화를 냈을 때 고객의 불만도를 대 · 중 · 소의 레벨로 분류해서 일일보고서에 쓰기보다는, "멍청한 놈이라고 고함을 질렀다"라고 써놓은 쪽이 더 생생하게 상황을 전달한다. 데이터로서의 메마른 정보보다는 '촉촉한 인간 관계 조성' 을 지향하기 바란다.

이 논문에서 소노다 씨는 '촉촉한 인간 관계 조성' 이라는 말을 사용했는데, 내가 막연하게 느끼고 있던 것을 참으로 정확하게, 그러면서도 뉘앙스가 있는 표현으로 기술하고 있다. '촉촉한 느낌' 이라는 말을 나는 웨트(wet=젖은, 축축한)라든가, 따스함이라든가, 인정이 담겨 있다는 말로 이해하고 '바로 이것이구나' 하고 생각했다.

변화가 심한 지금 시대는 회사 안에서나 가정 안에서나 인간 관계가 메말라 가고 있다. 따라서 그것을 적셔주는, 촉촉한 느낌이 있는 대화를 할 수 있다면 마음이 평안해지는 인간 관계가 생길 것이다.

그리고 이 논문에서 소노다 씨는 "손님의 기분에 진심으로 공감할 수 있는가?"라고 묻고, "응대자가 클레임을 해온 손님에게 특히 피해야 하는 응대는 '손님의 현상을 인정하지 않으려는 것', '왜, 어째서 라고 손님에게 질문만 하는 것', '다짜고짜 결론으로 비약하는 것'"이라고 말하고 있다.

또 평소에 마음속에 깊이 새겨 두어야 할 것은 '손님의 주장을 잘 듣는다', '손님의 상황을 끝까지 확인한다', '평상심을 잃지 않는다', '손님에게 공감을 나타낸다' 등이라고 말했다.

사례 – 좋은 전화 응대, 나쁜 전화 응대

실제로 콜 센터에서 발생했던 응대 사례 두 가지를 들어 보자. 사례 1은 친구의 체험담이다.

▶ 사례 1 – 냉장고 가격에 대한 문의

센터 : "○○ 고객 상담실입니다"

고객 : "죄송합니다만 냉장고 건으로 잠시 물어보고 싶은데요"

센터 : "제품 번호를 말씀해 주시겠습니까?"

고객 : "저어, VW70G입니다"

센터 : "VW70G 말입니까? 어떤 용건이십니까?"

고객 : "이것을 구입하려고 하는데, 카탈로그에 가격이 씌어 있
지 않아서요. 오픈 가격이라고 되어 있는데 그게 무슨
말입니까?"

센터 : "이것은 처음에는 제조사에서 가격을 정했지만, 나중에
는 판매점에서 가격을 정하고 있다는 이야기입니다"

고객 : "그래요? 그럼, 대충 얼마라는 것은 알 수 없나요?"

센터 : "잠시 기다려 주십시오"

센터 : "전화 바꿨습니다. 무슨 상담이십니까?"

고객 : "…"

▶ 사례 2 - 냉장고 가격에 대한 문의

고객 : "죄송합니다만 냉장고 건으로 잠깐 물어보고 싶은데요"

센터 : "감사합니다. 냉장고 건이라구요? 담당자를 연결해드리
겠습니다. 잠시 기다려 주십시오"

센터 : "오래 기다리셨습니다. 냉장고에 대한 문의라고 들었습
니다만…"

고객 : "저어, 귀사의 카탈로그에 FZ301이라는 것이 좋을 것 같
아서요"

센터 : "감사합니다"

고객 : "카탈로그에는 가격이 오픈 가격이라고 되어 있더군요.
그것은 무슨 의미입니까?"

센터 : "네, 오픈 가격이라는 것은, 제조사가 아니라 판매점에
서 가격을 결정하고 있다는 뜻입니다. 처음에는 가격을
우리 회사에서 결정했지만, 도중에 오픈 가격으로 변하
는 경우가 있습니다"

고객 : "그럼, 싸졌다는 말인가요?"

센터 : "네, 그렇습니다. 손님이 구입하려고 하시는 FZ301은,
작년에는 23만 5,000엔이었습니다. 그 후 판매점의 요
청으로 도중에 오픈 가격이 되어서, 판매점에서 가격을
정하고 있습니다"

고객 : "그래서 카탈로그에는 정확히 얼마라고 쓰여 있지 않았
군요"

센터 : "네, 수고스러우시겠지만, 몇몇 판매점의 가격을 비교해
보신 다음에 구입하실 것을 권합니다. 가격이 상당히
떨어져 있을 것이라고 생각합니다"

고객 : "알겠습니다. 고맙습니다"

센터 : "저희들이야말로 문의해 주셔서 감사합니다. 실례하겠습
니다"

목소리는 인품을 전한다

목소리만의 평가

　미국의 친구가 전화에 의한 채용 선발 업무를 하고 있었다. 최종 단계의 채용 결정이 아니라 응시자를 선별하는 일이었다. 일본계 기업이 의뢰한 일로서, 부동산이나 건물의 임대 업무에서 일할 사람을 구하고 있었다. 그녀는 전화 면접만 하고, 페이스 투 페이스 면접은 하지 않았다.

　"전화만으로?" 의아한 얼굴로 묻는 나에게, 그녀는 "목소리는 매우 많은 정보를 전해 줍니다. 업무의 지식이나 능력에 대해서는 전화를 통해서 면접해보면 정말로 잘 알 수 있습니다. 업무에 필요한 능력에 대해서 묻는 질문지를 바탕으로 하여 질문합니다.

목소리를 내는 방식이나 말투로 그 사람이 지닌 지식이나 능력뿐만 아니라 성격이나 태도 및 특징, 그때의 감정 등이 참으로 자세하게 전해집니다.

신경질적인 사람, 남의 이야기를 듣지 않고 자신의 이야기만 하는 사람, 성미가 급해서 지레짐작을 하는 사람 등 인품의 특징을 알 수가 있습니다. 또 지나치게 큰 목소리, 지나치게 작은 목소리, 쇠되고 쨍쨍한 목소리, 묻는 것밖에는 대답하지 않는 사람, 묻지 않는 것까지 이야기하는 사람 등 다양한 사람들이 있어서 그 사람의 심리 상태가 전해져 옵니다.

목소리는 나이나 발랄함, 밝음이나 신중함 등을 전해주고, 말투나 사이를 두는 법과 함께 인품이나 고상함, 지적 수준까지도 느끼게 합니다. 논리 전개나 이쪽의 질문에 대한 반응의 빠름, 정확성에 의해서 이해력을 판단할 수가 있습니다.

전화 면접의 장점은 복장이나 표정, 태도 같은 것이 안 보이니까, 상대방이 말하는 것을 집중해서 들을 수가 있고, 눈으로 들어오는 불필요한 정보에 현혹되지 않습니다.

또 외모나 복장 등에 의해 편견이 생기는 것을 피할 수가 있고, 고용균등법 등의 법적 문제를 일으킬 우려도 줄어듭니다. 그래서 나는 이 전화 면접에 자신을 갖고 있으며, 고객들도 모두 만족해하고 있습니다" 하고 대답했다.

회사는 그녀가 선별한 몇 사람 가운데서 신입사원을 선발하게 되는데, 그녀는 다시 다음과 같이 강조했다.

"지금까지의 경험으로 보아 선발 결과에는 나도 만족하고 있습니다. 얼굴이 보이지 않으므로 선발에 개인적인 편견이 들어가는 일 없이 공정한 평가를 할 수 있다는 점에는 자신이 있습니다"

지금도 그녀가 같은 일을 계속하고 있는 지 어떤 지는 확실치 않지만, 목소리 면접에 의한 인재 선발도 매우 흥미로운 이야기였다.

눈을 감고 들으면 보이는 것

인물 평가에서 평가자로 나가서 그룹 토의나 프리젠테이션을 듣고 있을 때, 나는 이따금 참가자들의 얼굴을 보지 않고 눈을 감고 목소리에만 귀를 기울여 본다.

눈을 뜨고 있을 때는 동작, 복장, 태도 등이 눈에 들어와서, 평가 요소 속에 들어오게 된다. 눈과 귀로 인식해서 종합적으로 판단하는 쪽이 더 좋은 능력 항목도 있지만, 눈을 감고 귀로만 들어 보면 또 다른 측면을 발견할 수가 있다.

예를 들면, 단어의 선택법이나 이야기의 조립 방식은 눈을 감고

듣는 편이 더 잘 알 수가 있다. 타인에게 전하려고 하는 열의, 목소리의 양과 질, 억양, 토의에 대한 참가 방법 등에 대해서도 지금까지 시각에 정신을 빼앗겨서 깨닫지 못했던 면이 보이는 경우가 있다.

목소리는 다양한 감정이나 생각을 표현하고 있다는 것을, 평가를 하는 장면에서 새삼스럽게 느꼈다. 이야기하는 사람이 특히 역점을 두고 있는 것, 의견을 강력히 주장하고 싶은 곳 등은 얼굴이나 동작이 보이지 않고 목소리만 들릴 때 훨씬 더 잘 알 수 있다.

쇠된 목소리를 가진 사람은 주의를 끌지만, 그것이 계속되면 듣는 사람은 긴장을 하게 되어 피로해지고, 지나치게 낮은 목소리는 무뚝뚝함이나 무관심함이 전해져서 듣는 사람이 경계하거나 불안해져서 흥이 깨진 분위기가 된다. 그 결과, 상대방도 이야기를 계속할 의욕을 잃어버리게 된다.

강연할 때에는 낮고 억양이 없는 목소리는 절대로 안 된다. 왜냐하면 많은 청중이 졸게 되기 때문이다.

연수 강사로서는 교실에서 이야기를 하고 있을 때, 수강생이 잠을 자 버리는 것만큼 비참한 생각이 들 때가 없다. 그래서 할 수 없이 어떻게든 잠을 깨워 보려고 궁리를 한다. 재미있는 이야기를 해서 수강생들 모두를 웃게 만들거나, 그래도 잠을 깨지 않을 때에는 그 옆에 앉아 있는 사람에게 질문을 하거나, 어쨌든 이만

저만 힘드는 것이 아니다.

목소리와 억양의 이미지

전화는 얼굴이 보이지 않기 때문에, 듣는 사람은 상대방의 말뿐만 아니라 목소리나 억양으로 그 사람이 지닌 갖가지 요소를 파악한다. 잘 알고 있는 사람으로부터 걸려 온 전화라도, 평상시와 좀 다르면, "왜 그래? 감기라도 걸렸니?" 하고 걱정이 되어서 묻는 경우가 있다.

가족 가운데는 특히 목소리가 비슷한 사람이 많은데, 형을 동생으로 혼동하거나 언니를 동생과 혼동한 경험이 많을 것이다. 변성기를 맞은 아들이 전화에서 어른스러운 어조로 이야기하기 때문에 아버지와 혼동하는 경우도 있다.

형제 자매 가운데서도 목소리가 비슷한 사람은 성격도 닮은 경우가 많은 것 같다.

가족이나 친척의 목소리가 비슷한 것은 그 사람의 체질과도 관계가 있을 테니까 목소리 자체를 바꾸는 것은 어려울 것이다. 그러나 목소리를 낼 때의 음정이나 억양, 사이를 두는 법이나 이야기하는 속도 등은 훈련으로 습득할 수 있다. 그러므로 비즈니스

전화 면접에서 호감을 사는 대화법을 연수하는 것은 중요하다.

『전화와 편지의 심리학』을 쓴 아사노 하치로 씨는 이 책에서 "전화의 목소리로 상대방의 감정을 아는 열쇠"로 "말투가 느리고 될 대로 되라는 식이고 단조로울 때는 상대방을 냉정하게 무시하는 감정이 있다"고 하고, "같은 느린 말투라도 예의 바르게, 리듬을 붙여서 똑똑히 이야기할 때는 상대방에 대한 존경심이나 경계심이 있을 때, 또 상대방의 신분이나 인품이 분명치 않을 때이다"라고 말하고 있다.

목소리의 억양은 그야말로 이 책의 설명대로여서, 단조로운 가락으로 이야기를 해오면 상대방의 열의가 전해지지 않는다. 그리고 상대방에 대해서 친근감이 느껴지지 않고, 톤의 변화가 없으면 일방적으로 설명을 들은 것 같은 강압감을 느끼게 된다.

또 목소리의 높이나 날카로움에 대해서 이 책에서는 "높은 목소리에서 낮은 목소리로 변할 때에는 상대방이 이쪽에 대한 경계심을 풀고 편안한 마음으로 이야기하고 있다는 신호이고, 높고 쇠된 목소리로 이야기할 때는 감정에 기복이 심하고 흥분해 있을 때"라고 말하고 있다.

우리들도 처음 상대하는 사람에게 전화를 걸 때나 마음에 걸리는 사람에게 걸 때는, 긴장해서 목소리가 조금 높아지다가 이야기하고 있는 동안에 보통의 높이로 변하는 일이 흔히 있다. 그 밖

에 매우 낮은 목소리로 퉁명스럽게 응답하고 있던 사람이 상대방을 알게 되면, 갑자기 보통 목소리의 높이로 그리고 보통의 말투로 되돌아오는 것 등은 흔히 경험하는 일이다.

목소리의 대화 도구 – 하드와 소프트

얼마 전에, 친구가 이런 이야기를 해주었다.

학습 교재를 판매하는 세일즈 여성에게서 전화가 걸려 와서 일단 거절을 하고 수화기를 내려 놓으면서 중학생인 아들에게, "이 여자는 매뉴얼을 교과서 읽듯이 그냥 읽어 내려가는 것 같애" 하고 말했다. 그런데 그 말을 상대방이 들었던 모양이다. 금새 다시 전화벨이 울렸다. 수화기를 들자마자, 조금 전에 전화를 걸었던 여성이 큰소리로 "바보 같은 년아!" 하고 고함을 치고는 전화를 끊었다.

그 친구는 "지금까지도 화가 풀리지를 않는 거야. 생각만 해도 가슴이 울렁거린다니까" 하고 말했다.

"그 여자, 어느 회사의 직원이지?" 하고 물어보니까, "유감스럽게도 그것을 잊어 버렸어. 그래서 마음에 더 걸리는 것 같아" 하고 대답했다.

　목소리의 대화 도구에는 이러한 말투나 목소리와 같은 소프트적인 도구와, 갖가지 정보기기와 같은 하드적인 도구의 두 가지가 있다.

　정보기기 등의 하드적인 도구는 구사하는 것이 힘들지만, 일단 익숙해지면 그다지 어려울 것이 없다. 그런데 소프트적인 도구, 즉 목소리나 말투는 인간의 목소리나 감정, 판단에 의거하는 것이므로 구사하는 것이 하드적인 기기류에 비해서 한층 더 어려울 것이다.

　하드적인 도구의 설치에는 많은 기업들이 적극적이어서 고객의 질문이나 상담, 의뢰에 대비하여 대화를 위한 정보 기기나 상담 요원을 배치하고, '고객 상담 센터'나 '24시간 콜 센터'를 두고 서비스 향상을 꾀하고 있다.

　그런데 고객으로부터는 "여러 차례 전화를 했는데도 연결이 되지 않는데, 도대체 어떻게 된 것입니까?" 하고 자주 불평을 듣는다. 하드적인 기기류의 설치는 경비가 많이 들지만 고객의 기대를 예측해서 계획하고, 이용 빈도에 맞춰서 준비를 하지 않는 한 유효한 도구가 되지 못한다. 또 그것을 완전히 구사하는 소프트적인 도구, 특히 사람의 목소리나 말투 등에 대한 능력 향상은 아직도 시간이 걸리는 문제이다.

자동 응답 목소리와 어떻게 친해지는가

"고객 서비스 센터에 전화를 걸었더니 자동 응답이 장황하게 계속되어서, 정말로 내가 듣고 싶은 항목이 나올 때까지 상당히 오랫동안 불필요한 정보를 듣고 있어야만 했다"고 불만을 털어놓는 사람들도 있다.

고객은 비록 자동 응답 목소리라 하더라도 자기가 듣고 싶은 것에 정확히 응답해 주면 불평을 하지 않는다. 그런데 얼마 전에 나도 경험한 일이지만, 전화벨이 울려서 수화기를 집어들자마자 자동 응답 목소리로 장황스럽게 금융 상품의 설명을 늘어 놓는 것이었다.

타인의 시간에 "안녕하세요?" 하는 말도 없이 침입해 오다니 실례다. 상대방이 사람이었다면 쏘아 붙여 주기라도 했을 텐데 하고 화가 나기도 하고, '도대체 이런 세일즈 콜을 받고 상품이나 서비스를 이용할 사람이 어디 있겠나' 하는 의문이 생기기도 했다.

이 이야기를 친구에게 했더니, 그녀도 비슷한 일을 당했는데, 그녀의 경우 안경점의 바겐세일 소식이었다고 한다.

나와 비슷한 생각을 했던 그 친구는 좀 유별나서, 그 회사에 전화를 걸어 그 텔레 콜의 성과를 물었다고 한다. 그런데 친구의 예상과는 반대로 그 녹음 테이프를 끝까지 들은 사람이 많고, 매상

도 보통 정도는 되었다고 대답하더라는 것이다. 다만 이 안경점의 경우, 전화뿐만 아니라 사전에 바겐세일을 알리는 엽서를 보내 놓고, 그것과 짝을 이루어 텔레 콜을 했다는 것이다.

그 친구는 "다짜고짜 자동 응답 목소리만으로 상품 세일즈를 하는 것보다는 역시 사전에 엽서나 잡지 광고나 전단지 등 몇 가지 통신수단을 동원해서 고객에게 연락해 두어야 하나봐. 그렇지 않으면 흥미를 끌 수가 없으니까" 하고 덧붙였다.

말을 좀 거칠게 하는 미국인 친구는 "어느 기업이나 모두 대표 전화를 걸면, 장황스럽게 각 부서의 전화번호를 경 읽기 식으로 나열하고 끝에 가서는 그 가운데서 마음대로 고르라고 말합니다. 결국 고객의 전화비와 시간 부담으로, 자기 회사의 인건비 삭감을 꾀하고 있는 셈인데, 이래서 과연 진정한 고객 만족이라고 할 수 있겠어요?" 하고 의문을 제시했다.

콜을 받은 사람의 반응은 그 받은 사람의 수만큼 될 것이라고 생각한다.

상담원이 충분하게 상품 지식을 갖추고 서비스의 제공에 대해서 시원시원하고 간결하게 이야기를 해주면, 고객은 이 상담원이 자신의 화법에 취해 있다고 생각한다고 한다. 또 말이 또렷하고, 특히 어미가 강하면 다짐을 받는 것 같아서 반감이 생기고, 젊은 사람들이 흔히 쓰는 말끝을 올리는 발음에는, "바보 취급하지 마

라! 내가 무슨 어린애인 줄 아니!" 하고 반발하고 싶어진다고 한다.

이야기할 때 적당히 간격을 두어서 고객에게 맞장구를 칠 여유를 주지 않으면, 일방적이고 위압적이라고 불쾌하게 느낀다고 한다.

얼굴이 보이지 않는 전화 대화는 실제로 면담하고 있을 때보다는 좀 곤란하지만, 다양한 상상력을 불러일으키는 재미도 있다. 그렇기 때문에 목소리의 달인이 되는 것은 매력적이다.

5

채용시험에서 살리는 대화술

- 최근의 취직 사정
- 면접의 대화술
- 채용은 선행 투자

최근의 취직 사정

'인재(人財)'가 필요하다!

최근에는 대부분의 기업에서 학교를 갓 졸업한 학생들을 정기 채용뿐만 아니라, 1년 내내 언제든지 채용하는 이른바 연중 채용을 하고 있다. 그리고 특정한 직무에 대한 경력을 가진 사람을 채용하는 중도 채용도 많다.

중도 채용은 공모가 많지만 단독 채용도 있고, 스카웃 경쟁도 자주 귀에 들린다. 리더나 매니저 연수를 할 때, 잡담하는 것을 들어 보면 많은 사람들이 스카웃 제의를 여러 차례 받고 있는 것 같다.

같은 중도 채용이라 하더라도, 중년이나 정년 전이면 자회사로

의 전출 제의나 전직 제의를 받게 되는데, 그것이 싫어서 새로운 직장을 구하는 사람이 늘어났다.

그러나 비즈니스맨들 사이에는 취직 대신에 전직·회사 설립·자영업 등에 관한 관심이 높아졌다.

그러나 대기업에서는 학교를 갓 졸업한 학생들을 대상으로 하는 신규 정기 채용이 아직도 주류를 이루고 있다. 대기업뿐만 아니라 어느 기업이나 참신하고 우수한 신입사원을 학교를 갓 졸업한 학생들 가운데에서 확보하려고 하고 있다.

각 회사의 채용 방법이 최근에는 뚜렷하게 두 가지로 나뉘어져 왔다. 핵심이 되는 정사원은 대학 졸업생들 가운데서 신입사원을 모집하고, 지금 당장 필요한 인재, 즉 특정 업무를 담당할 수 있는 경험자나 경력사원, 전문가 등은 중도 채용을 하거나 헤드 헌팅 회사를 활용한다.

그 밖에 경제 효과를 감안하여 파견 사원을 활용하거나, 그 업무 자체를 하청을 주게 되었다. 따라서 인사 시스템은 더욱 더 복잡해지고, 지금까지처럼 정년까지 줄곧 한 회사에 자신을 맡기는, '평생 직장'이라는 의식이 퇴색해 채용 모집의 빈도나 선발 면접의 중요성이 훨씬 커졌다.

신규 대학 졸업생 채용도 특정한 직무 분야에 배치하기 위해서 모집하는 직무별 채용이 많아졌다.

진짜를 놓치고 있지는 않는가

최근에는 한 학생이 15~20개의 회사를 돌아다니며 면접을 보는 것은 보통이라고 한다. 그 가운데에는 50개 이상의 기업을 방문하는 학생도 있다고 한다. 그 결과, 기업에서도 다수의 면접자를 양성하지 않으면 안 된다.

"어째서 그렇게 많은 회사를 돌아다녔나요?" 하고 학생에게 물었더니, "취직난 때문이죠. 그렇다고 해서 내 적성에 맞지 않는 곳에는 취직하고 싶지 않아서요!" 하고 대답했다. "적성에 맞는 회사를 찾을 수 없다면 어떻게 하겠습니까?" 하고 심술궂은 질문을 하면, 다양한 대답이 돌아온다.

"어쩔 수 없으니까 아무 데라도 오라는 곳으로 가야죠", "지금은 연중 채용도 있으니까, 조금 더 기다렸다가 다시 해보겠습니다" 하는 등의 기특한 대답이나, "프리터(프리 아르바이터)라도 할 겁니다", "대학원에 가겠습니다", "아직 젊으니까 모라토리엄(사회적인 의무나 책임을 일정 기간 동안 유예받는 것) 시절을 즐기겠습니다", "외국에 나가 어학 공부를 좀 하고나서 현지의 대학에 들어가겠습니다" 하는 식의 천하태평형의 대답도 있다.

차례차례로 밀려 들어오는 응시자들의 면접을 담당하는 사람들의 체력적·심리적 피로는 엄청나다. 그렇기 때문에 면접 담당자

에게 필요한 것은 체계적인 채용 계획이나 효과적으로 면접을 하는 대화 능력이다.

채용 면접을 할 때 사용되는 테스트나 체크 방법에는 여러 가지가 있지만, 가장 중시되는 것은 면접이다. 응시자의 이력서 심사나 필기시험의 실시에 비한다면, 면접은 하기 쉬운 것처럼 여겨지고 있지만 이것이 가장 어려운 것이다. 짧은 시간 안에 면접으로 응시자의 능력을 꿰뚫어 보는 요령을 몸에 익히는 것이 중요한데, 여기에는 상당한 훈련과 경험이 필요하다.

모처럼 찾아와 준 수많은 뛰어난 응시자들, 즉 보물더미를 눈앞에 두고 제1차, 제2차의 초기 단계에서 갈고 닦으면 빛을 발하게 될 원석을 발견하지 못하면 비용만 낭비하는 결과가 되고 만다.

채용 면접을 담당하는 사람들은 인사부의 직원들뿐만 아니라, 다양한 부문의 현장으로부터 선발되어 온 관리자나 리더이므로 관계자 전원에게 기업이 구하는 인물상이나 능력 항목을 미리 잘 알려줄 필요가 있다.

어떤 대기업에서

어떤 대기업에서 채용 담당자의 연수를 담당했을 때의 일이다.

지금까지 대졸 신입사원은 본사의 인사부에서 일괄채용하고 있었으나, 이제부터는 각 부서와 현지의 지점에서도 채용을 하기 때문에 채용 방법을 통일하기로 결정을 보았다. 그래서 본사의 각 부서와 전국 지점의 인사 관계자들을 채용 면접 연수를 시키기 위해서 불러 모았다.

인사부에서는 어느 지역에서 채용하더라도 똑같은 기준으로 기업의 조직 풍토에 맞는 사람을 뽑고 싶다. 그러기 위해서 기대하는 인물상과 능력 항목을 명시해서 각지의 채용 담당자에게 이해시켜 달라는 것이 요구사항이었다.

그 기업은 신입사원의 적성에 따라 업무 배치를 하고 있었기 때문에 선발 기준은 그 인물이 기업의 조직 풍토에 맞을 것, 될 수 있는 대로 빨리 업무를 배울 능력이 있을 것, 팀원들과 좋은 팀워크를 만들 수 있을 것 등이었다. 그리고 면접자가 그러한 조건을 확인해 주기를 기대하고 있었다.

면접은 인물 평가 개념에 의거한 TS 면접으로 하기로 하고, 그것을 위한 연수를 시작했다. TS(Targeted Selection) 면접이란 채용 목적에 맞는 인물상이나 직무 내용을 명확히 해서, 응시자가 그

곳에서 요구하는 능력 항목을 나타내는 행동을 하는 사람인가 아닌가를 면접을 통해서 파악하여 선발하는 것이다.

프로그램의 개요는 다음 페이지에 제시하는 도표와 같다.

연수 초두에 기업이 기대하는 인물상을 나타내는 능력 항목을 정하기로 했다. 면접에 오랜 시간을 쓸 수 없으므로 관찰하는 능력 항목을 기껏해야 6～8개 항목으로 정하고, 참가자들을 직무 분야별로 세 그룹으로 나누어서 토의를 했다. 각 그룹의 협의에 의해서 다음과 같은 항목이 선정되었다.

영업 부문 - 대면 영향력, 적극성, 활동성, 복원력, 감수성, 커뮤니케이션 능력, 계획력, 판단력

연구개발 부문 - 학습 능력, 스트레스 내성, 집착성, 분석력, 창조력, 커뮤니케이션 능력, 계획력, 판단력

총무경리 부문 - 대면 영향력, 스트레스 내성, 활동성, 감수성, 커뮤니케이션 능력, 계획력, 판단력

토의 결과는 각 부문의 특색이 나와 있어서 재미있었지만, 지금 여기서 결정해야 하는 것은 회사 전체가 공통적으로 요구하는 인물상이다.

그래서 "부문별의 결론을 회사에 공통된 항목으로 6～8개 항목

정도로 요약해 주기 바랍니다" 하고 부탁했더니, 의견이 분분해졌다. 오랫동안 논의가 계속되었으나 최후까지 일치하지 않았던 것은 '집착성'에 대해서였다.

영업 부문에서는 '집착성'은 필요 없다고 하고, 연구개발 부문에서는 꼭 필요하다고 하면서 팽팽하게 맞섰다.

논쟁 결과, 합의를 본 것은 '학습 능력, 적극성, 활동성, 감수성, 커뮤니케이션 능력, 분석력, 계획력, 판단력'의 8개 항목이었다.

논의가 끝났을 때, 한 직원이 불쑥 "지금까지 우리들은 어떤 기준으로 선발했습니까? 우리들이 원하는 것은 리더입니까, 전문가입니까, 아니면 작업자입니까?" 하고 의문을 제기했기 때문에 제멋대로 기준을 세우고 있었던 사실을 새삼스럽게 깨닫고 쓴웃음을 지었었다.

• TS 채용 면접 •

① TS의 사고방식 : "현재의 행동은 장래의 행동을 예측한다"

② 면접시의 질문 : 직무 분석에서 능력 항목을 정하고 스타(STAR) 질문한다.

③ 면접의 진행 방법

〈개시〉 · 인사, 면접의 목적을 설명한다.

· 분위기를 조성한다.

· 면접의 흐름을 설명한다.

· 메모를 하는 것에 대한 거절

〈정보 수집〉

· 스타(STAR) 질문에 의거하여 행동례를 묻는다.

· 후속 질문을 한다.

· 응모자로부터 질문을 받는다.

④ 면접자의 마음가짐

〈상대방의 자존심을 존중한다〉

· 칭찬한다.

· 응시자의 행동을 정당화한다.

· 이해와 공감을 나타낸다.

· 응시자를 궁지에 빠뜨리지 말고 화제를 바꾼다.

⑤ 시간 관리

· 시간이 부족할 때, 이야기의 초점을 좁히거나 상대방의 이야기를 정리하거나 한다.

· 고개를 끄덕이거나, 때로는 침묵으로 간격을 둔다

· 감사의 말로 끝낸다.

⑥ 평가 회의

· TS 데이터를 면접담당자 간에 토의하여 최종 평점을 매긴다.

면접의 대화술

루비콘 강을 건너다

인물 평가 프로그램의 창시자인 브레이 박사는 "채용 결정은 매우 중요합니다. 일단 채용을 결정하면, 그것은 루비콘 강을 건넌 것과 같습니다. 본인에게나 회사에나 그 후의 전투력에 커다란 영향을 미치니까요" 하고 말했다.

또한 박사는 "인간의 능력이나 자질은 타고난 부분이 많고, 교육으로 계발할 수 있는 것은 지식이나 능력뿐입니다. 따라서 채용할 때 정확하게 능력을 파악하는 것이 중요합니다. 그런데 그 중요한 채용에 기업은 충분한 예산이나 인력을 투입하지 않는 것 같습니다" 하고, 채용 결정의 중요성을 주장했다.

　기업의 사원들을 연수시키고 있는 우리들의 회사, MSC에 그처럼 교육 훈련의 한계를 못박아 버리면 곤란하다고 말하니까, 박사는 "그러니까 채용 면접 능력의 향상 교육에 좀더 힘을 쓰십시요" 하고 말하고, TS 면접의 실시를 권했다.

　지인으로 인사 문제에 밝은 다시로 무나시 씨(인사행정 연구소 부회장)는 다음과 같이 말하고 있다.

　"지금까지 일본 기업은 '적재적소'의 사고방식이었습니다. 한편, 서양에서는 '적소적재'였습니다. 그래서 서양의 기업은 직무 분석을 정확히 하고, 그 직무를 수행하는 데 필요한 능력이나 지식, 기술 등을 명확히 해서 그에 맞는 사람을 직무에 배치하는 습관이 있었습니다.

　일본에서는 우리 회사에 맞는 적재(適材)를 채용하여 로테이션을 시키거나 사내교육을 실시해서, 그 사람의 장점을 증대시켜 적소(適所)에 배치함으로써 긴 안목으로 보면 인재 양성을 꾀해 온 셈입니다.

　그러던 것이 글로벌화가 진행되어서 동서양의 경영 수법이 뒤섞이자 일본 기업은 '적소적재'적으로 되었고, 반대로 미국 등에서는 전직을 하게 되면 우리 회사의 노하우가 유출되므로 사원을 어떻게 정착시키느냐가 문제라고 하면서 가능성이 있는 사람을 고용해서 사내교육을 시키는 '적재적소'적인 움직임이 강해졌습

니다. 경영 수법도 동서양의 방식이 차츰 혼합되고 있습니다"

다시로 씨가 말하는 것처럼, 미국 기업은 전직에 의한 기술의 유출을 걱정해서 사원의 정착을 도모하는 여러 가지 연구를 하고 있다. 자사의 사원교육 프로그램을 만들고, 어떤 코스를 택할 것인가는 카페테리아 방식 등으로 선택에 폭을 갖게 한다. 사원이 그 회사 안에서 몇 가지 업무를 경험하여 자신의 경력을 쌓아 나갈 수 있는 장기적인 계획을 세울 수 있도록 배려하고 있다.

한편, 일본에서는 비즈니스맨의 전직에 대한 주저감이 줄어들고, 자신의 진로를 찾는 의식이 높아져서 구조 조정 등을 포함한 전직자가 증가하고 있다. 구인을 하는 쪽에서는 특정 직무를 할 수 있는 사람이 필요해짐에 따라서 중도 채용이 늘어나고 있다.

채용 대상이 신규 대학 졸업자이든 전직자이든 간에, 어쨌든 채용은 직무의 수행 능력을 중심으로 해서 생각하게 되었다. 따라서 채용 면접자의 인재 선별 능력의 강화가 더욱 더 절실하게 되었다.

TS 면접이란 무엇인가

　TS 면접에 대해서는 신규 대학 졸업 사원의 예를 들어서 간단히 구조를 설명한다.

　우선 채용 예정인 직무에 필요한 능력 항목을 선정한다. 예를 들어 영업직을 채용한다고 가정해보자. 필요한 능력 항목으로 고객 지향, 직무 달성 의욕, 분석력, 판단력, 스트레스 내성, 이니시어티브, 커뮤니케이션 능력 등 8개 항목을 선택했다고 하자.

　TS는 '지금까지의 행동은 장래의 행동을 예측한다'고 하는 사고방식에 의거하고 있으므로 스타 질문을 사용한 면접 질문으로 응시자의 행동에 대해서 묻는다.

　스타 질문은 TS의 특징을 가장 잘 나타내고 있다. 도표에서 알 수 있듯이 상황(Situation), 직무(Task), 행동(Action), 결과(Result)에 걸쳐서 빠짐 없이 질문을 하여 필요한 행동 정보를 수집하는 방법이다.

　스타(STAR)는 이 네 단어의 머리글자를 딴 것인데, "STAR 질문으로 스타를 찾자"는 농담도 있다.

　응시자는 행동례로부터, 8가지 항목으로 분류할 수 있는 행동례를 질문에 의해 수집하는 것인데, 하나의 항목에 대해서 적어도 3~4가지의 행동례를 수집할 수 있도록 면접에서 사용할 질문

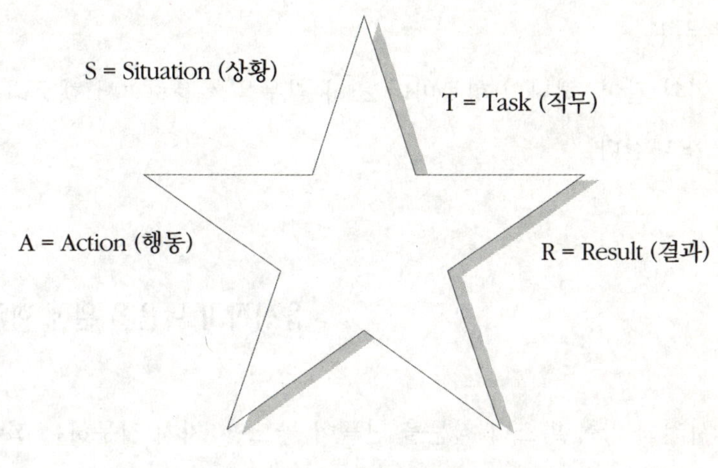

【스타(STAR) 질문】

을 사전에 준비해 놓아야 한다.

면접 질문에 대한 예를 들어 본다.

응시자의 이력서에 클럽 활동은 테니스부의 부부장이었다고 써 놓았으므로 클럽 활동의 상황은 그것으로 알 수 있다. 그래서 "부부장의 임무는 어떤 것입니까?" 하고 임무에 대해서 물어본다. 다음에, "부부장으로서 당신이 솔선수범해서 한 일은 무엇이었습니까?" 하고 그 사람이 해온 행동에 대해서 묻는다. 그 대답으로 응시자의 이니시어티브, 즉 적극성을 알 수 있을 것이다.

응시자의 대답 가운데서, "어떤 성과가 올랐습니까? 부원들은 그것을 어떻게 받아들이고 있었습니까?" 하고 결과에 대해서도

묻는다.

이와 같이, 하나의 항목마다 스타 질문을 사용하면서 행동례를 모아 나간다.

응시자가 마음을 열게 하라

사전에 항목별 스타 질문을 만들어 놓으면, 자칫 질문하는 점에만 힘이 들어가서 면접의 흐름이 어색해질 수도 있다. 또 계속해서 질문을 거듭하면 마치 힐문을 하는 것 같은 형태의 질의응답이 될 수도 있다. 또한 응시자의 비언어 신호를 볼 여유를 잃기도 쉽다.

따라서 그것을 피하기 위해서는 두 명의 면접자가 팀을 짜서 한 사람은 질문을 하고, 다른 사람은 응모자의 표정이나 태도를 관찰하는 등 메모를 하는 역할을 맡아도 좋을 것이다.

신규 대학 졸업자를 사원으로 채용하기 위해서는 일상 업무의 틈틈이 면접을 보지 않으면 안 되기 때문에, 두 사람이 한 사람을 담당하는 것은 시간적으로는 낭비지만, 여러 면에서 보다 공정한 면접이 될 것은 틀림 없다.

담당하는 항목은 도표와 같이 모든 항목의 절반 가량을 중복시

켜서 두 사람이 담당하여, 가능한 한 폭이 넓은 질문과 관찰을 할 수 있도록 한다. 보기 쉬운 항목은 혼자서 관찰하고, 비교적 판정하기 어려운 항목을 중복해서 질문하도록 한다.

두 사람 모두 자신의 담당 항목에 대해서는 5단계 평가로 따로따로 점수를 매기고, 의견 차이는 면접을 끝낸 후에 논의를 한다.

1 대 1로 면접하는 경우에는, 면접자는 메모를 하거나 표정 또는 동작을 읽는 등 바쁘겠지만, 응시자가 하나하나의 대답을 할 때마다 호응을 하거나 후속 질문을 함으로써 표정을 관찰하는 행동을 할 수 있어서, 감정의 교류가 효과적으로 이루어진다.

면접자 A		스트레스 내성	계획력	판단력	분석력	직무 달성 의욕	고객 지향
면접자 B	커뮤니케이션 능력	이니시어티브	스트레스 내성	계획력	판단력	분석력	

【관찰 항목(예)】

면접 가이드를 사용하는 이점

인사부의 직원들이 아니면, 현장의 관리자나 리더에게는 채용 면접의 기회가 그다지 많지 않을 것이다. 또 자기 부서의 업무가 바쁘기 때문에 면접을 담당하도록 의뢰를 받으면 귀찮다는 생각이 들 지도 모른다.

그래서 여러 부서에서 오는 면접자가 손쉽게 담당할 수 있도록 하기 위해서 '면접 가이드'라는 입문서를 만들 것을 권한다.

다음에 제시하는 '면접 가이드'는 어떤 면접자가 담당하더라도 비슷한 순서로 이야기를 하게 만드는 입문서이다.

면접자가 응시자에게 하는 첫인사로부터 능력 항목을 판정하기 위한 질문 항목, 응시자의 연락처까지 기입할 수 있도록 되어 있어서 면접에 필요한 항목을 빠짐없이 묻거나 전하는 데 큰 도움이 된다.

'면접 가이드'를 사용하는 또 하나의 이점은, 여러 명의 면접자들 사이에 정보의 전달과 공유화를 하기 쉽다는 데 있다. 또한 여러 명의 사람들이 여러 차례에 걸쳐서 한 사람의 응시자에게 비슷한 것을 물어보는 시간 낭비를 없앨 수도 있다.

응시자 한 사람에 대한 모든 기록이 한 권의 '면접 가이드'가 되어서 차례차례로 관계자에게 전달된다.

면접 가이드 – 참고 사례

'면접 가이드'에는 다음과 같은 항목을 포함시킨다. 또 기입 페이지도 함께 넣어서, 면접자가 그 한 권을 가지고 면접장에 들어가기만 하면 되도록 작성해 놓는다.

사전 준비

- 면접 장소를 확인하고, 적절한 환경인지를 점검한다.
- 응시자의 이력서나 자기소개서를 자세히 읽고 면접할 때 물어보고 싶은 항목을 정리한다.
- 능력 항목의 정의나 기준을 확인한다.
- 능력 항목마다 질문을 작성한다.

면접의 실시

도입

- "야마다 다로 씨군요. 나는 영업1과의 다나카입니다. 우리 회사에 응시해 주셔서 감사합니다. 지금부터 야마다 씨의 학교 생활이나 그 밖의 활동에 대해서 여러 가지 물어보겠습니다"
- "면접중에라도 질문이 있으면 염려하지 말고 하십시오. 나는 기억을 하기 위해 메모를 하겠습니다. 양해해 주십시오"

정보수집

• "이력서에 의하면, 당신은 ○○대학 출신인데, 그 대학을 선택한 경위를 이야기해 주십시오"

• "학교 생활 가운데서 가장 강하게 인상에 남았던 일은 어떤 것입니까?"

• "그것은 어째서 그렇습니까?"

• "지금까지 한 이야기의 메모를 살펴보고 싶으니까 1, 2분 시간을 좀 주십시오. 그 동안에 당신의 장점과 단점이라고 생각하고 있는 능력이나 기술에 대해서 생각해 놓기 바랍니다. 또 궁금한 것이 있으면 물어보십시오"

• (1~2분 후) "자아, 장점과 단점에 대해서는 어떻습니까?"

종 료

• "솔직하게 이야기해 줘서 감사합니다. 당신의 연구 내용을 잘 알았습니다"

• "면접 결과는 ○○일까지 전화로 알려 드리겠습니다"

후속 질문으로 대화를 심화시켜라

스타 질문을 보충하는 것이 후속 질문이다.

상대방이 이야기를 하고 있을 때는 말을 가로막지 말고 긍정적인 표정이나 말로 받아들이고, 이따금 "과연", "그래서요?", "그것 참 잘됐군요", "그래서 어떻게 되었습니까?" 등의 맞장구를 치면서 듣는다.

상대방이 하나의 행동을 이야기했을 때, 듣는 사람이 긍정적으로 반응하면 면접자가 질문하지 않아도 응시자는 계속해서 그 배경을 이야기한다. 다시 2, 3가지 후속 질문을 하면 그 이야기를 더욱 자세하게 알 수가 있다.

긍정적으로 듣는다고 하면, 상대방의 성공담만 듣는다고 생각하는 사람이 있을 지도 모르지만 그렇지 않다.

응시자가 자신의 실패담을 이야기했을 때, "어째서 그렇게 되었습니까?" 하고 후속 질문을 하면 예를 들면, "제가 감정적이 되어서 심한 말을 했습니다. 두 사람의 인간 관계는 아직도 회복되지 않았습니다" 하는 식으로 대답한다.

그때, "참으로 힘들었겠습니다. 그런 일은 우리들에게도 종종 있습니다" 하고 맞장구를 쳐주고, "그 일에서 어떤 것을 배웠습니까?" 하고 후속 질문을 하면, 응시자는 부정적인 이야기도 면접

자가 긍정적으로 받아들이고, 자신의 감정을 이해해 주었다고 생각하여 마음을 열어 나간다.

후속 질문이 없는 일문일답식으로 곧장 다음 화제로 옮겨 가면, 이야기가 수박 겉핥기식이 될 뿐만 아니라, 응시자는 면접자가 자신의 이야기를 진지하게 들어 주었다고 생각하지 않을 것이다.

채용 면접을 해본 경험이 그다지 많지 않으면, 자칫 질문의 폭을 너무 넓혀 버리는 경향이 있다. 그 결과, 상황이나 업무에 대해서는 충분한 정보를 얻을 수는 있어도 그때 어떻게 했는가, 어떤 반응이 있었는가 등의 행동이나 결과를 알아내는 질문이 적어서 단편적인 정보가 된다. 평가 토의를 할 때 "그래서 어떻게 했다는 건가요?" 하고 다른 사람이 물어와도, 행동례를 듣지 못했기 때문에 판정의 근거가 애매해지게 된다.

행위를 물음으로써 그 사람이 어떤 행동을 취했는가를 알 수 있고, 앞으로 어떤 행동을 취할 것인가를 예측할 수가 있다. 결과를 물음으로써 주위에 대한 영향력이나 감수성, 분석력, 더 나아가 자신을 어느 정도 객관시할 수 있는가도 알 수 있다.

후속 질문에서 스타에 관한 행동례를 많이 모으는 것이 TS 면접을 성공시키는 요령이다.

스타 질문과 후속 질문의 배합

스타 질문과 후속 질문은 될 수 있는 대로 빈번히 배합하는 것이 바람직한데, 그 방법을 알 수 있도록 다음에 실례를 들었다.

면접자는 질문에 스타를 사용하고, 응시자의 대답에도 스타가 나타나 있다.

질문 : "이력서에 의하면 당신은 ○○선생님의 연구실에서 자동차 배기가스의 오염물질을 제거하는 연구팀에 있었군요"(상황)

대답 : "네, 그렇습니다. 4명의 멤버가 교대로 매일 실험을 했습니다"(행동)

질문 : "4명 가운데 당신의 임무와 역할을 설명해 주십시오"(직무)

대답 : "선생님의 지시 아래 여러 가지로 첨가하는 시약을 바꾸고 결과를 관찰했는데, 하나의 실험 결과가 나오기까지 최대 20시간, 최소 5시간 정도 걸립니다.(행동) 그래서 팀 전원이 각자의 실험 스케줄을 짜는 일, 데이터를 수집하는 일, 시약을 준비하는 일, 실험을 당번으로 하는 일, 선생님에게 보고하는 일 등을 하고, 이따금 교대로

분담을 바꿉니다.

그러나 각자가 특기로 하는 분야가 있습니다. 저는 주로 스케줄을 짜는 일, 계산이 끝난 데이터를 종합하는 일, 선생님에게 보고하는 일 등의 역할을 담당하는 경우가 많았습니다.(직무와 행동) 게다가 집이 가깝다는 것이 들통나서, 밤 늦게까지 하는 실험은 친구의 부탁을 받고 대신했기 때문에 일이 늘어났습니다"(결과)

질문 : "계산과 처리 데이터의 정리가 전부 당신에게 할당되었다면 굉장히 바빴겠습니다. 어떻게 그 일을 처리했습니까?"(행동)

대답 : "네, 아무리 해도 일이 밀려서 밤 늦게까지 일을 할 수밖에 없었습니다"(결과)

질문 : "왜 그런 일들이 당신에게만 돌아갔습니까?"(상황과 결과)

대답 : "모두들 '자네가 계산이 가장 빠르다고 하던데' 하는 사이에 어느 틈엔가 제 일이 되어 버렸습니다. 하지만 계산이나 데이터의 처리는 좋아하니까 별로 부담이 되지 않았습니다"(결과)

질문 : "어떤 점이 좋았습니까?"(후속 질문)

대답 : "수많은 실험 데이터를 정리해 나가면, 다음에는 무엇을 해보면 좋을 지를 알게 되고, 앞으로의 실험 과정도 예

측할 수가 있습니다. 조금씩 앞으로 전진해가고 있다는 것이 느껴지니까요"

질문 : "그 데이터 처리의 리포트는 당신이 종합해서 모두에게 설명합니까?"(후속 질문)

대답 : "설명하지 않고 복사본을 건네줍니다. 하지만 복사본을 주면, 결국 설명도 해주게 됩니다"(결과)

면접자와 응답자의 대화에서 스타 질문과 후속 질문의 배합을 이해했을 것이다.

면접에는 경험이 필요하다

인사부의 직원들이 하는 면접을 보면, '과연 능수능란하구나' 하고 감탄하는 경우가 많다.

언젠가 자동차 회사의 전시장에서 일할 여성의 채용 면접을, 그 회사의 인사부 직원들과 함께 한 적이 있었다.

회사 측은 청초하고 품위가 있는 젊은 여성이 필요하다고 했다. 대학에 재학중인 학생들 가운데에서 신입사원을 모집하여 전시 장에 배치해서 방문 고객을 응대하게 하겠다는 것이다.

　"그녀들이 철저한 응대자가 되어 주기를 바랍니다. 고객이 그 곳에서 느긋한 기분으로 전시된 자동차를 보거나 만져 보거나 하면서 즐길 수 있는 분위기 조성이 중요합니다.

　필요 이상으로 고객을 귀찮게 하거나, 세일즈 정보를 제공해서 강요하는 듯한 인상을 주는 일이 없도록 참신하면서도 차분한 인상을 지닌 여성이 필요합니다" 하고 까다로운 주문을 했다.

　응시자들은 이미 몇 차례인가의 면접을 거쳐서 약 1/10로 압축되어 있었으며, 이것은 최종 면접이었다. 모두들 나름대로 똑똑하고, 영리해 보이고, 게다가 모두 미인들이었다. 면접자들은 중역이나 부장으로 구성되어 있었다. 이러한 높은 사람들은 면접에 전문가는 아니지만, 핵심을 찌르는 질문을 한다. 그러나 때로는 유도 질문이나 관념 질문을 해서 난처할 때도 있다.

　이때도, "전시실의 일이 언뜻 보기에 화려해 보이지만, 하루종일 서 있어야 하는데, 그 점은 자신이 있나요?" 하고 물었다. 이것은 매우 관념적이고 유도적인 질문인 동시에 예스나 노로 대답할 수 있는 질문이다. 노라고 대답하는 사람은 하나도 없을 것이다.

　그 중역은 전시실의 일은 자못 화려하고 즐거운 것처럼 보이지만 사실은 곁에서 보기보다 힘이 들고 체력 및 기력도 필요한데, 응시자가 그 점을 알고 있는 지 어떤 지 걱정이 되었을 것이다.

　그 뒤, 인사 담당자가 "모두들 학교에서 클럽 활동을 하고 있었

겠지만, 매니저였던 사람은 손을 들어 주세요” 하고 물었다. 몇 사람인가가 손을 들었다. “그럼, 회장이었던 사람은요?” 하고 인사 담당자는 재차 물었다.

‘교묘한 질문이로구나’ 하고 감탄했다. 이 전시실에 필요한 사람은 손님을 주인공처럼 만드는 사람이다. 자신이 주인공이 되는 것이 아니다. 이 일에는, 표면에 나서서 눈에 띄는 회장보다는 뒤쪽에서 모두의 시중을 드는 매니저 역할을 하던 사람 쪽이 더 적합할 것이다.

게다가 과거의 행동례를 묻고 있는 것이므로 TS 면접의 원칙대로다. 수많은 면접 경험에서 배워온 지혜는 확실한 것이다.

인사로 그 사람을 판단하라

TS 면접에서는 첫인사와 끝의 감사를 소중히 여기고 있다. 인사는 대화의 장에서 긍정적인 분위기를 만들기 위해서 상대방의 이름을 불러서 확인하고, 자신도 이름을 말하고 방에 있는 사람들도 모두 이름과 역할을 말한다. 응시자에 대한 행동 관찰은 그 사람이 입실했을 때부터 시작되고 있다는 것은 두말할 것도 없다.

인사로부터 시작되는 응수 속에서, 상대방의 언동을 어떻게 항

목에 결부시켜 나가는 지 참고 사례를 보자.

면접자가 응시자에게 의자를 권하고나서 "여기는 금방 찾았습니까?" 하고 물었다. 그때 다음과 같은 몇 가지 대답이 되돌아왔다.

• A씨 : "이 부근의 지리는 잘 모르기 때문에, 지도를 확인하고 집에서 일찍 나왔는 데도 길 하나를 잘못 들어서 시간에 신경이 쓰였습니다"

• B씨 : "어제 살펴보러 왔기 때문에 문제는 없었습니다"

• C씨 : "이곳은 잘 알고 있기 때문에 장소에 대해서는 문제가 없었습니다만, 알고 있었기 때문에 안심하고 시간을 너무 늦게 잡아서 당황했습니다"

당신은 이 대답에 의한 행동례로부터 어떤 항목을 읽을 수 있는가.

A씨는 일찍 집을 떠났으나 길 하나를 잘못 들어갔다고 말했다. 이 대답으로, A씨는 사전에 면접장의 위치를 보러 오지 않았다는 것, 그래도 일찍 떠났기 때문에 길을 잘못 들어갔어도 시간에는 맞춰 올 수 있었다는 것을 알 수 있다. 이러한 행동은 능력 항목의 어느 것에 분류할 수 있을까?

우선, 계획성은 그다지 좋은 점수를 줄 수가 없다. 또 지도를 읽는 법이 불충분했다는 것은 판단력의 감점 요소이다. 일찍 떠났으니까 시간에는 왔다. 이것은 신중성이기도 하고 활동성이기도 하다.

B씨는 어떨까? 전날 조사하러 왔다. 면접장의 위치를 알고 있다는 안도감을 가지고 면접에 임했을 것이다. 다른 사람들이 사전 조사를 하지 않았다는 것은 시간이 없었기 때문이든가, 아니면 열의가 부족했을 것이다. 어쨌든 이 사람의 계획성과 신중성은 인정해도 좋을 것이다.

C씨는 어떨까? 정직한 대답이지만, 본인이 말한 대로 시간 관리에 판단의 허술함이 나타나 있다. 상황 판단에 감점일 것이다.

이와 같이, 상대방이 이야기하는 행동례 가운데서 능력 항목으로 이어지는 데이터를 모아 나간다. 면접자가 많으면 각자 관찰하는 국면이 다면적이겠지만, 최후에는 그 의견들을 종합해서 판정을 내리면 된다.

시간 관리도 중요

면접은 언제나 시간과의 승부이다. 면접이 끝나고 응시자가 돌아간 뒤에 "아뿔사, 그것을 물어보아야 하는 건데!" 하고 말해 보았자, 아무 소용이 없기 때문에 바이 타임(buy time) 질문을 사용한다. 이것은 '시간 벌기 질문'이라고 번역할 수 있다.

면접자가 자신이 쓴 메모를 체크해서 물어보지 못한 것이 있는가 없는가를 확인하기 위한 시간을 벌어, 추가해서 묻고 싶은 것이 있으면 질문을 한다.

응시자에게는 자신은 메모를 체크할 테니까, 그 동안에 깊이 생각해 줘야 할 문제가 있다고 말하고, 시간을 들여서 생각해야 하는 질문을 재료로 내놓는다.

예를 들면, "앞으로 5년간 이 회사가 어떻게 변화했으면 좋겠다고 생각합니까?", "업무 외에 이른바 교양이 날이 갈수록 중요해져 가고 있다고 생각하는데, 회사로서는 그 점에 대해서 무엇을 해야 한다고 생각합니까?" 하는 식의 가상 질문도 좋다.

이 '바이 타임 질문'은 뜻밖에도 응시자에게는 평이 좋다. 응시자는 시간이 없어서 하지 못했던 자기 PR도 할 수 있어서, 쌍방이 한숨을 돌리는 시간이다. 그 다음에는 사후의 연락과 감사의 말을 하고 면접이 끝난다.

'능력은 있어도 하고 싶지 않다'의 원인

최근의 젊은이들, 즉 20대나 30대 청년들 가운데는 주어진 일을 충분히 해낼 수 있는 능력이 있는 데도, "의욕이 없다, 하고 싶지 않다, 나에게 좀더 맞는 일이 있을 것이다, 지금 하는 일에는 정열을 다할 수가 없다"고 생각하거나 고민하거나 하는 사람들이 많다.

이와 같이, 지금 하고 있는 일은 불만이라서 의욕이 생기지 않는다고 말하는 사람들이 늘어났는데, 이것은 어째서일까? 그 일을 하는 데 필요한 지식이나 기능도 있고 능력도 충분하지만, 그 일을 좋아하지 않고 의욕이 없는, 이른바 동기 부적합(動機不適合) 때문이다. 다음에서 DDI/MSC의 자료 '동기 적합'에 의거하여 설명을 하겠다.

동기 적합에는 조직 적합, 일 적합, 지역 적합 등 3가지 면이 있다.

조직 적합이란, 그 기업의 조직 풍토나 집단이 지닌 가치관이 자신에게 맞지 않는다고 생각할 때이다.

일 적합이란, 그 일에 흥미를 느낄 수 없다든가, 자신에게 할당된 일이 싫다고 할 때이다.

지역 적합이란, 일하는 지역이나 부임지가 자신의 기대와 다르거나 하는 경우이다. 해외파견 등에서 아무리 노력해도 그 풍토

와 맞지 않아서 그만둬 버리는 경우도 있는데, 이것은 본인에게
나 기업에나 모두 손해이다.

모처럼 입사를 했는데도, 역시 이 회사는 나하고 맞지 않는다고
하면서 퇴직하는, 연수 후 이직이나 전직의 케이스로 발전하는
동기 부적합은 최근에 눈에 띄게 많아졌다. 본인도 괴롭겠지만,
회사 측에서는 비용을 낭비한 것이 되고, 담당자는 자신의 에너
지가 고갈된 것 같은 느낌이 들고 만다.

동기 적합 가운데 일 적합에 대해서는, 어떤 시스템 엔지니어
(SE)의 직무 내용을 리스트업해서 적합 상황을 본인에게 물어 보
았다. 옛날부터 "신바람이 나서 한다"고 대답했는데, 누구나 자기
가 좋아하는 일이라면 열심히 한다.

그 SE의 직무 내용을, 다음 페이지의 도표처럼, 가로축에 좋아
하는 것과 싫어하는 것, 세로축에 자신의 일 속에 자주 나오느냐
나오지 않느냐는 4가지 틀을 만들었다. 틀 속은,

A – 좋아하고 잘 하고, 빈번하게 일 속에 나온다.

B – 좋아하고 잘 하는 데도 일 속에 그다지 많이 나오지 않는다.

C – 싫어하고 잘 하지 못하는데, 일 속에 자주 나온다.

D – 싫어하고 잘 하지 못하는데, 일 속에 그다지 많이 나오지 않
는다.

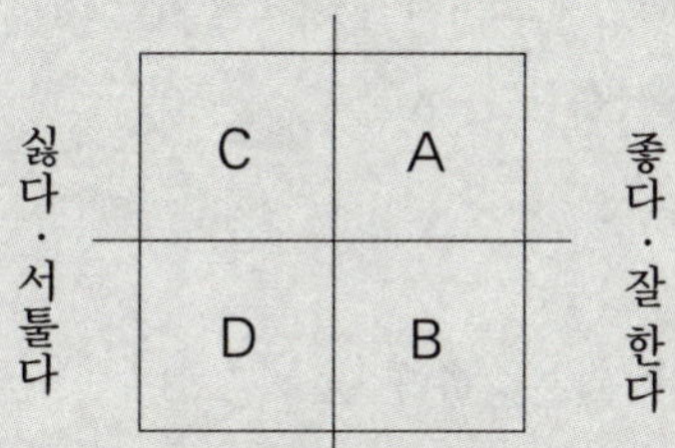

【어떤 SE의 직무와 동기부여 메트릭스】

1. 요건정리

　　1-1 고객의 요구 사항을 듣는다　C

　　1-2 시스템화할 수 있는 부분을 규정한다　D

　　　　필요한 설비(인프라)를 정의한다　D

　　　　견적을 낸다　D

　　1-3 견적　D

2. 개요 설계

　　2-1 개요 설계도를 쓴다　B

　　2-2 프로젝트에 필요한 인원과 공원수의 견적을 낸다　D

3. 논리 설계

　　3-1 개발(고객 관리)에 필요한 데이터 베이스의 종류를 규정한다　C

　　3-2 개발(고객 관리)에 소비자가 필요로 하는 정보를 규정한다　B

　　3-3 운용 순서를 작성한다　A

4. 세부 설계

　　4-1 개발하는 기능을 분석한다　A

　　4-2 자세한 설계서를 작성한다　B

5. 개발

　　5-1 각 기능을 개발 사양에 따라 개발한다　A

　　5-2 각 기능 개발의 진척을 예측한다　A

　　　　스케줄을 잡는다　C

6. 단체 테스트

　　6-1 테스트 설계서를 작성한다　A

　　　　설계자에게 리뷰를 해 달라고 한다　B

　　6-2 단체 테스트를 행하고, 테스트 항목에 대한 테스트 결과를 기록
　　　　한다　A

　　6-3 단체 테스트 리뷰를 설비자에게 해 달라고 한다　B

　　6-4 본격적인 운용에 따라 종합 테스트를 한다　A

　　6-5 소비자에게 시범을 보이고 양해를 얻는다　C

이 도표를 보면, 이 사람은 개발 사양에 따라서 각 부문의 기능을 개발하거나, 그 진척을 보고 스케줄 잡기를 좋아하는 것 같다. 또 테스트 설계서를 만들거나, 종합 테스트를 행하거나, 프로그램을 릴리스하는 것에도 만족감을 느끼는 것 같다.

또 자신이 행한 프로그램을 고객선에서 릴리스하는 것도 잘 한다.

시스템화할 수 있는 부분을 규정하거나, 필요한 설비를 정의하거나, 견적을 내는 것은 서툴지만, 이것은 자신의 일 속에는 그다지 많이 나오지 않는다.

이 도표에 의하면, 관리자로서 생각하지 않으면 안 되는 문제는 그가 고객의 요구사항을 듣는 일이나, 고객 관리를 위한 시스템 개발에 필요한 데이터 베이스의 종류를 규정하는 등의 일이 싫고 서툴다고 하는 C의 틀 속에 들어가 있다는 것이다. 자신의 일 속

에 자주 나오는 데도 서툴다고 하면, 본인도 괴로울 것이고 일의
성과도 위태롭다.

D틀 속의 일은 싫고 서툴러도, 자신의 일 속에는 그다지 많이
나오지 않으니까 매일의 일에는 지장이 없다.

이러한 도표를 만들어 보고, 관리자는 그 사람을 어떻게 지도
할 것인가를 생각한다. 싫다든가, 서툴다든가 해도 왜 싫어하는
지 이야기를 들어보지 않으면 알 수가 없다. 경험할 기회가 적기
때문에 싫어한다고 믿고 있는 지도 모르고, 지식이나 기능이 부
족하기 때문에 서툰 느낌이 드는 지도 모른다.

그 동안의 사정을 하나하나 들어보고, 대화로 문제를 해결해나
가는 것은 상사의 막중한 업무이다. 그것에 의해서 인재의 정착
이 도모되고, 능력 개발의 계획도 세우기가 쉬워진다.

채용은 선행 투자

채용은 신중하게

인재(人材)는 인재(人財)라고 흔히들 말한다. 분명히 사원은 보배이다. 황금알을 낳는 거위가 있거나, 큰소리로 때를 알리는 수탉이 있거나, 또 병아리가 있을 지도 모른다. 그러나 그러한 혼합 부대가 에너지를 만들어낸다.

후기 산업사회에서는 경영 자원 가운데 인적 자원이 보다 큰 위치를 차지하고 있다.

채용은 인사 관계의 일 가운데서도 가장 중요한 과제이다. 채용에는 막대한 돈이 들어가지만, 이것은 선행 투자이다.

"채용은 신중하게" 라는 제목을 내건 것은 과거에 쓰라린 경험

을 했던 것이 생각났기 때문이다.

1970년대의 일이었다. 고도 성장한 경제 덕분에 기업의 업적도 늘어나서 일손이 필요한 상황이었다. 우리 회사에서도 채용을 계속하여 인원이 급속히 늘어났는데, 그때 오일 쇼크가 찾아왔다. 그 영향은 1974∼1975년까지 계속되어서 일감이 격감했다. 사원들의 사기가 급격히 떨어지고, 특히 매상 때문에 고생하고 있는 영업팀은 아침에 출근을 해도 외출하지 않고, 책상에 앉아 있었다. 그리고 외출을 해도 귀사 후의 보고가 없고, 직접 퇴근하는 사원들이 많았다. 그 가운데 하나둘씩 퇴직원이 올라오고, '다음에는 누구일까' 하고 사내는 온통 수군거리는 소리뿐이었다. 오랫동안 근무해 온 사원들까지 그만두겠다고 하자 모두들 초상집에 온 것 같은 얼굴들이었다.

그래도 일체 퇴직원을 되돌려 보내지 않았다. 사원들이 이 회사에서 일할 매력을 느낄 수가 없거나 머물러 있을 의욕을 잃어 버린 것은 경영진의 문제지만, 그런 심정을 갖게 된 사람을 붙잡고서 퇴직을 만류한다 해도 일시적인 방편에 지나지 않는다.

70명 가까이 되었던 사원들 가운데 그때 15∼16명이 그만두었던 것 같다. 임원들 사이에는 "지금까지는 우리가 멋도 모르고 날뛴 것이 아닐까요? 채용은 직무 내용을 좀더 정리해서 면접을 더 꼼꼼하고 신중하게 합시다. 그리고 채용 후의 육성 계획이나 지도에 투자를 합시다"

하고 반성하는 분위기가 조성되어 이러한 의논을 했던 것이다.

계획적 채용과 육성은 하나의 시스템

그 과거에 대한 반성이 현재도 살아 있느냐고 물어본다면, 그렇다고 대답할 자신이 없다. 그 뒤, 사원을 채용하는 데는 얼마간 신중해졌지만, 육성 계획과 제대로 맞물려 있느냐 하면, 아직도 문제는 많이 남아 있을 것이다.

채용은 어느 기업에서나 가장 중요한 일이다. 사원을 채용하기 전에 기업의 미래 전략이나 방침을 검토하고, 필요해지는 직무의 형태, 인재 육성에 대해서 생각한 다음에 결정해야 한다. 그러나 사원의 예기치 않은 퇴직은 채용 방법에 문제가 있었다고 생각되지만, 그 이상으로 입사 후의 육성과 활용 계획에 보다 큰 문제가 있었다고 생각된다. 또 기업 풍토의 영향도 경시할 수 없다.

최근에는 전직이 당연한 시대가 되었다. 지금까지 신입사원의 채용 면접에 대해서 언급해 왔지만, 중도 채용자의 채용과 면접 쪽이 보다 큰 문제이다.

직무나 기술에 관해서 깊은 지식이나 오랜 경험이 있는 자신감

을 가진 응시자들과의 면접에는 '자존심을 존중하는' 대화가 보다 중시된다. 또 면접 담당자의 빠른 결단도 요구된다. 또한 직무의 배치와 새로운 환경에 익숙해지기 위한 본인 및 주위 사람들의 수용적인 대화가 필요하다.

신규 채용이든 중도 채용이든 간에, 채용과 육성 활용계획을 하나의 시스템으로 생각하지 않으면 인재의 정착은 바랄 수가 없고, 막대한 경비를 낭비하게 된다. 채용에 들어가는 경비는 어림잡아 생각해도 모집 광고비, 면접자의 훈련이나 회의 비용, 면접자의 시간 비용, 면접장비나 운영비, 응시자의 교통비 등을 계산해 가면 막대한 투자이다.

채용 면접을 효율적으로 해야 하는 것은 물론이지만, 오늘날에는 기회 균등 문제나 남녀 차별 문제도 있어서, 면접자가 무심코 한 언동이 문제를 불러일으키는 경우도 있다.

시험 삼아 다음의 '이런 질문은 주의'라는 테스트를 해보기 바란다.

성희롱 소동 같은 것을 일으키지 않게 하기 위한 노파심이다.

채용 면접을 할 때 물어서는 안 되는 질문은 수없이 많다. "이런 질문은 안 된다"고 지식으로는 다 알고 있어도, 자신도 모르게 무의식적으로 질문을 해 놓고 식은땀을 흘리는 경우도 있을 것이다.

이 문제는 국내에서도 요즘에는 엄격해지고 있지만, 특히 문화 풍토가 다른 해외에서 근무할 때에는 식은땀만으로는 해결되지 않고 큰 문제가 된다.

이것에 관한 입문서들이 많이 있지만, 여기서는 합법적인 것과 위법인 것을 분류해 보기로 한다.

▶ 물어보아서는 안 되는 질문인가 아닌가 – 일본판

① 당신의 본적은 어디입니까?

② 부친의 직업은 무엇입니까? 근무처와 직위를 가르쳐 주십시오.

③ 당신의 형제(자매)는 무엇을 하고 있습니까?

④ 당신의 집은 자기 집입니까, 셋집입니까?

⑤ 당신의 학비는 누가 대주었습니까?

⑥ 당신에게는 지지하는 정당이 있습니까?

⑦ 당신이 즐겨보는 책은 무엇입니까?

《해답》

①②③ - 피면접자의 적성이나 능력 등과는 전혀 관계가 없고, 본인의 책임이 아닌 것을 질문하여 판단하려고 하는 것. 기본적 인권을 존중하고 있지 않다고 여겨지므로 안 된다.

④⑤ - 본인과는 전혀 관계가 없는 것을 물어서 '사람'을 배제시키려고 하는 차별 의도의 표현이므로 안 된다.

⑥⑦ - 헌법으로 보장되어 있는 개인의 자유권을 침해하게 되므로 안 된다.

(출전 : 도쿄도 노동경제국 〈채용 · 선고의 차별 해소를 위한 채용 - 경영자 및 인사담당 임원의 필독서〉)

▶ 물어보아서는 안 되는 질문인가 아닌가 - 미국판

① 나이는 몇 살입니까?

② 우리 회사의 사원 중에는 가톨릭 신자가 많은데, 그 때문에 무엇인가 일하기 곤란한 현상이 나타날 것이라고 생각합니까?

③ 같이 살고 있는 자녀는 있습니까?

④ 토요일이나 일요일에, 휴일 출근할 수 있습니까?

⑤ 이 모집 서류에 작은 얼굴 사진을 첨부해 줄 수 있습니까? 물론 본인이라는 것을 확인할 뿐입니다.

⑥ 미스, 미세스, 미즈 중 어느 것으로 부르면 좋겠습니까?

⑦ 꽤 특이한 이름이군요. 어디 태생입니까?

《해답》

① 나이에 의한 차별이어서 안 된다.

② 종교에 의한 차별이어서 안 된다.

③ 자녀의 양육 문제에 의한 차별이어서 안 된다.

④ 토요일과 일요일은 업무상 필요한 경우에만 할 수 있다.

⑤ 성별, 나이, 인종에 의한 차별이어서 안 된다.

⑥ 혼인의 유무에 의한 차별이어서 안 된다.

⑦ 출신지에 의한 차별이어서 안 된다.

6

관리자의 대화술

관리자의 역할이 달라졌다

관리자가 되고 싶지 않은 사람들

"요즘에는 과장 옆에 가는 게 좀 위험하다니까. 왠지 매니저로 임명할 것만 같아서 말야" 하고 SE직 리더가 말했다.

"그거 참 잘됐군 그래. 한번 해봐. 자네는 그만한 실력이 있으니까" 하고 친구가 말했다.

"그만두겠어, 매니저 같은 것은 무거운 짐이니까. 난 일하는 게 좋거든. 마음이 잘 통하는 동료와 함께 일하는 리더로 만족해. 매니저가 되어 부하를 뒷바라지하거나 다른 부서와의 조정 등 그런 인간 관계에 관여하는 복잡한 일은 딱 질색이거든"

"그건 그래. 나도 사양하겠어. 실적을 올리라든가, 고객 개척을

하라고 늘 명령을 내려야 하는 쪽이니까, 나도 하기 싫은 일을 남에게 하라고 명령할 수는 없잖아. 게다가 부하 관리 같은 것에 시간을 빼앗겨서, 내가 일할 시간이 없어지는 것은 딱 질색이거든. 그런 일을 했다가는 정보가 줄어들고 일의 능률이 떨어지니까, 아무도 하고 싶어하지 않을 거야"

이런 의견을 말하는 30대 전후의 사람들이 늘어나고 있다.

이 사람들은 '자신이 좋아하는 일이라면 시간에 관계 없이 열중하지만 부하의 뒷바라지나 그룹의 통솔, 상사와 회사의 방침에 대해서 대화를 나누는 것 등 남들과 관계되는 일이나 복잡한 인간 관계 속에 들어가는 것을 피하여, 타인과의 거리를 적당히 유지하고 싶어하는' 것이다.

이러한 의견은 정보 기술 분야의 사람들로부터 자주 들어 왔다. 그런데 다른 분야에서 일하는 사람들은 어떨까?

지금의 젊은 사람들은 정말로 관리자가 되기를 싫어하느냐고, 같은 또래의 남성에게 물어 보았다.

그러자 그는 이렇게 대답했다.

"사람에 따라 다르고 업종에 따라 다르겠죠. 내 친구는 식품 회사에 근무하고 있는데, 얼마 전에 과장이 되었다고 좋아하면서 명함을 주더군요. 나는 출판 계통이니까 전문직으로 있고 싶습니다. 은행에 근무하는 친구는 간부로 승진하는 것은 기쁜 일이고

외부적인 일을 처리하기가 쉬워지지만, 인사 관리는 딱 질색이라더군요.

은행 같은 곳에서도 전문적 업무를 다루는 부문에서는 관리자도 그 일에 대해서 전문 지식이 없으면 해나갈 수가 없습니다. 제너럴 매니저가 아니라 플레잉 매니저적인 관리자라면 맡아도 좋다는 사람이 많을 것입니다"

분명히 관리자라고 해도, 제너럴 매니저와 플레잉 매니저는 업무상의 역할이나 책임의 범위가 다르다. 그러나 사람을 관리하는 것은 딱 질색이라는 사람이 점점 더 늘어나고 있는 것 같다.

부(部)나 과(課)가 작은 그룹이 되었다

최근에는 중간 관리자가 관할하는 부문의 규모가 예전보다 작아지고 인원수도 줄었다. 제조업 등에서도 이제는 수많은 인원을 거느리는 과장은 사라졌다. 기술 혁신의 진전으로 현장 사람들의 일을 기계가 대신하게 되면서 생산성이 높아졌다.

직장의 인원수는 줄어들었으나, 감독 업무나 판단 업무, 대인 관계의 업무는 늘어났다. 일의 내용이 복잡해지고, 사원 한 사람 한 사람의 직무 수행 책임이 커졌다. 그래서 회사에서는 자립성이 높고, 자기 업무는 자신이 연구해서 성과를 내는 사람을 원하고 있다.

과(課) 안에는 담당하는 업무별로 몇 개의 팀이나 그룹이 있다.

과장의 일은 팀의 리더들이 뛰어난 리더십을 발휘하고 과원들이 일을 진행하기 쉽도록 직장 환경을 갖추고, 부문의 목표 달성을 지원하는 것이다. 그리고 그것을 가능케 하는 인재 육성이나 직장의 활성화를 도모하는 것이 가장 중요한 과제이다.

시장이 글로벌화되었기 때문에 조직은 살아 남기 위해서 가혹한 기업 경쟁에서 이겨 나가야 한다. 그 때문에 조직이나 인사의 재평가는 긴급한 과제이다. 조직을 평준화하고, 부문을 통합하거나 재배치하고, 사원에 대해서도 성과급제를 도입하여 경영 체질의 강화를 지향하고 있다.

관리자나 리더는 매일 일어나고 있는 변화를 신속히 감지하여, 부문의 전원이 거기에 유연하게 대응할 수 있도록 리더십을 발휘할 필요가 있다. 회사 밖의 변화에 둔감한 상사에게는 부하들도 위험을 느끼고 따라 가지를 않는다.

부하의 실수는 관리자의 실수

기업 조직의 벽은 얇아졌다.

지금까지처럼 대기업이기 때문이라든가, 전통이 있기 때문이라는 것만으로 신뢰해 주는 소비자는 줄었다. 고객이 기업의 평가를 결정하는 기준은 상품이나 서비스를 가져다주는 사원의 태도나 일솜씨이다. 따라서 그러한 고객 만족을 얻을 수 있도록 부하를 지원하는 관리자의 존재가 필요하다.

부하는 관리자의 어떤 행동을 보고 '이 사람을 따라 가자'고 생각할까?

"우리 상사는 사내의 다른 부문과 능숙하게 제휴하여 업무를 처리하기 쉽게 해줍니다"

"부하의 공적을 가로채지 않고 부하를 제대로 평가해 줍니다"

"부문의 방침이나 회사의 전략을 정확히 이야기해 주고, 필요한 정보를 충분히 제공합니다"

"자신의 생각을 분명히 말합니다. 이상한 타협은 하지 않습니다" 하는 식으로 부하가 칭찬해 준다면 안심이다.

"그런 입에 발린 말은 하지 말라. 현실은 보다 더럽고 질척질척한 것이라구" 하는 핀잔을 들을 지도 모른다. 그러나 부하들, 특히 젊은 사람들은 회사의 경영자가 그리는 장래의 꿈을 알고 싶

어한다. 관리자는 회사의 비전이나 전략을 부하들에게 똑똑히 설명하고, 그것에 따른 자기 부문의 방침과 행동 지침을 세우고, 그 실천을 향해서 리더십이나 파트너십을 발휘해야 한다.

부하들이 물어보고 싶은 것은 "회사는 지금부터 앞으로 10년을, 어디를 지향하고, 무엇을 해 나갈 것인가. 우리들이 매일 하고 있는 일은 3년 후에는 어떤 것이 될까? 그리고 앞으로 어떤 능력이 요구될까?"에 대한 구체적인 설명이다.

관리자는 사내의 그룹 리더나 부하와 대화를 계속하는 동시에, 회사 밖 사람들의 목소리에도 귀를 기울이지 않으면 안 된다. 그것이 관리자의 풍부한 정보원(情報源)이 되기 때문이다.

기업 활동에 대한 소비자의 눈은 한층 더 까다로워졌다. 단 하나의 상품일지라도 불량이거나 서비스의 실수도 클레임으로 즉각 기업에 되돌아온다. 사원의 실수는 관리자의 실수이고, 그리고 경영자의 책임이다.

부하의 다양한 가치관을 인정하라

관리자가 부하를 관리할 때, 곤란을 느끼게 되는 것은 직장에서 일하는 사람들의 경력이 소속의 복잡성 때문이다.

직장의 인원은 정직원, 시간제 근무자, 파견자, 자유계약자 등으로 구성되어 있지만 국적이 다른 사람들도 함께 일하고 있다.

같은 나라 사람이라 하더라도 입장이나 소속, 나이 등에 따라서 사고방식이 다른데, 국적, 종교, 생활습관이 다른 사람들과 팀을 짜서 하나의 목표를 달성하기 위해서 관리자는 모두의 다양한 가치관을 이해하고 받아들일 필요가 있다.

비즈니스가 글로벌화하고 비즈니스 표준은 상당히 보편화되어 왔으나, 사원의 생활습관이나 종교에 대한 태도는 더욱 더 개별화되어가고 있다. 관리자에게는 부하의 의견 뒤에 있는 다양하고 서로 다른 가치관을 긍정적으로 듣는 태도가 한층 더 강하게 요구되고 있다.

특히 외국인 사원의 언동에는 나도 깜짝 놀라거나, 깊은 생각을 하게 된다.

회의를 1시부터 시작하면, 반드시 5분 늦게 나타나는 이슬람교 신도인 직원이 있었다. 어느 날, 어째서 시간에 늦느냐고 물어보았더니, "내 기도 시간과 겹치기 때문입니다. 나에게는 기도 시간 쪽이 더 중요합니다" 하고 말하는 것이었다. 그 다음부터는 회의를 1시 5분에 시작했다.

언젠가는 이 사람과 함께 하던 연수가 끝나서 "자아, 모두 식사를 하러 갑시다!" 하고 했더니, "15분만 기다려 주십시오" 하는

것이었다. 마침 라마단의 달이라서, 그는 일몰까지 식사를 할 수 없었던 것이다.

히타치 제작소에서 일을 하고 있었을 때도, 인도인 기술자들과 이집트인 기술자들을 대상으로 파티를 계획했는데 식사를 준비하는 데 골머리를 앓았다. 쇠고기도 돼지고기도 곤란하고 게다가 이슬람교를 믿는 이집트인들은 특별하게 처리한 고기가 아니면 안 먹는다. 결국 생선을 위주로 한 메뉴를 짰다.

또 몰몬교도인 한 사원이 "초밥집에서는 어째서 차가 좋은 지 물이 좋은 지 묻지 않죠? 차는 잠자코 있어도 언제나 공짜로 주는데, 물은 부탁하면 한 컵밖에 주지 안잖아요" 하고 말했다. 나는 그 말을 듣고, "초밥과 물!" 하며 놀란 적이 있다.

글로벌화하려면, 비즈니스 관습뿐만 아니라 그 나라나 지역 사람들의 생활습관까지 충분히 고려하지 않으면 안 되는데, 그러한 다국적인 직장이 아니더라도, 같은 일본 안에서도 세대차나 성의 차이 때문에 젊은이나 여성은 때로는 이방인이라는 소리를 듣는다.

앞으로의 관리자는 다양화되어 있는 부하의 생각이나 의견, 생활습관을 이해하고 수용하면서, 직장의 직무 행동에 대한 방침을 분명하게 전달해 나갈 필요가 있다.

부하와 재능을 다투지 말라

언젠가 외국계 기업을 방문했는데, 사무실 벽에 다음에 있는 것과 같은 오규 소라이의 가르침을 액자에 넣어서 걸어 놓은 것을 보았다.

지금으로부터 약 3백여 년 전의 에도 시대의 유학자인 오규 소라이의 말이 외국계 회사 사무실에 걸려 있는 것은 참으로 신선한 충격이었다. '소라이훈' 처럼 부하의 장점을 활용하고, 싫고 좋음을 나타내지 말며, 자질구레한 것을 따지고 들기보다는 성실하게 일을 하고 있는 부하를 소중히 하는 것은 부하 관리의 'ABC' 일 것이다.

부하와 재능을 다투고, 권한 이양을 충분히 하지 않는 상사는 우수한 부하가 함께 있지를 않는다. 특히 최근에는 고학력의 부하가 많고, 업무에 대한 지식이나 기술이 리더나 관리자의 능력을 뛰어넘는 경우도 있어서 관리자는 부하와 경쟁을 하기보다는 어떻게 그것을 활용할 것인가를 생각할 필요가 있다.

'소라이훈' 가운데서 "인재는 반드시 특이한 성질을 갖고 있다. 기재이기 때문에 그 성질을 버려서는 안 된다"는 말에 귀가 아픈 사람이 있을 지도 모른다. 관리자 가운데는 어쨌든 무난하고 안심할 수 있는 부하가 좋다는 사람이 있지만, 오늘날처럼 변화가

심한 시대에는 특이한 성질을 가진 사람이 집단에 좋은 자극이 될 것이다.

관리자가 부하의 능력을 발견해서 인정하고, 그것을 끊임 없이 개발해 주는 노력을 한다면, 부하의 의욕이 강해질 것이다. 반대로 관리자라는 위치를 발판으로 삼는 리더는 포지션 리더라고 해서 따돌림을 당하게 된다.

부하들은 관리당하는 것을 싫어하면서도 상사에게 강한 리더십의 발휘를 요구하고, 인간적인 매력으로 이끌어 줄 것을 기대하고 있다. 이러한 복잡한 기대와 희망을 갖고 상사를 보고 있는 부하들을 관리하는 것은 결코 쉬운 일이 아니다.

♠ 소라이훈

1. 남의 장점을 처음부터 알려고 노력하지 말라. 남을 써봐야 비로소 장점이 나타나는 법이다.

2. 인간은 그 장점만 취하면 되지 단점을 알 필요가 없다.

3. 자신의 취향에 맞는 사람만을 쓰지 말라.

4. 사소한 잘못은 탓할 필요가 없다. 다만 일을 소중히 하면 충분하다.

5. 남을 쓰는 이상에는 그 일을 전부 맡겨야 한다.

6. 위에 있는 사람은 아랫 사람과 재능을 다투지 말라.

7. 인재는 반드시 특이한 성질을 갖고 있다. 기재이기 때문에 그 성

질을 버려서는 안 된다.

8. 이렇게 해서 남을 잘 쓰면, 일을 적절히 하고 시대에 응할 정도의 인물이 반드시 될 것이다.

꿈을 실현시켜 주는 리더

어떤 나이 지긋한 관리자가 말했다.

"옛날에는 좋았죠. 관리자가 권위 있는 지위였거든요. 과장이 되었을 때는 아내가 팥밥을 지어서 축하해 주었다구요" 하고 옛날의 좋은 시절 이야기를 했다. 하지만 그런 추억에 젖어 보았자 헛일이다.

하쿠호도 생활 종합 연구소가 20세부터 69세까지의 인구 1천5백 명을 대상으로 한 생활양식에 대한 설문조사 〈21세기를 꾸미는 생활 부품 조사〉에서, 응답자가 역점을 둔다고 하면서 고른 의견을 1위부터 차례로 3위까지 들어 보면, '꿈이나 목표를 갖고 산다', '자기다움', '상식' 이었다.

그런 생각을 가진 사원이 상사에게 요구하는 것은 '자신의 꿈을 실현할 수 있는 직장', '자기다움을 발휘할 수 있는 일' 이다.

하지만 "그 꿈이란 어떤 것인가요?" 하고 물어보았자 막연한 대답밖에 돌아오지 않는다. "자기다움이란 무엇이죠?" 하고 물어

보아도, "지금 찾고 있는중"이라고 애매한 대답을 한다.

그렇기 때문에, 젊은이들은 지금 일하고 있는 회사의 비전이나 경영 전략을 확실하게 제시해 주는 관리자를 구하고, 자기 부문의 방침이나 행동 지침을 명확히 밝혀주고 자신의 경력 조성의 의논 상대가 되어줄 상사를 찾고 있다.

지금까지 관리자는 지휘와 명령을 의연히 하고 있으면 되었다.

그러나 지금의 관리자에게 요구되는 것은 의연해 있는 동시에, 그 주위에 따뜻한 공기를 만들어내서 자연히 사람들이 모여드는 자석과 같은 리더십이다.

내가 이 '자석과 같은 리더십이라는 개념' 을 이해하게 된 경위는 다음과 같다.

제휴 회사로부터 보내온 연수 자료에 "리더십은 푸시(push)가 아니라 풀(pull)이다"라고 쓰여 있어서, 그것을 읽고 '이것은 그 반대가 아닐까?' 하고 생각했다.

나는 이끌고가는 리더보다는 뒤에서 밀어주는 리더가 좋다고 생각했기 때문에 그 연수 자료를 연구자에게 물어보았더니, 풀이란 사람들이 그 사람에게 매력을 느끼고, 마치 자석이 못을 끌어당기듯이 주위에 사람들이 모여드는 것을 뜻한다고 했다. 그리고 그 사람의 인품과 제시하고 있는 비전이나 신념에 찬동하여, 이

사람과 함께 일하고 싶다고 생각하고 그 주위에 사람들이 모여드는 것이 바람직한 리더라는 것이다.

"과연 그렇구나" 하고 나는 납득했다. 리더가 뒤에서 밀어주어서 회사의 목표를 향해 가도록 하는 것이 아니라, 스스로 그 사람이 내건 비전에 공명하여 그 목표를 향해 함께 걸어가는 것을 기쁨으로 삼을 수 있는, 그러한 리더가 있으면 얼마나 멋지겠는가! 모두가 커다란 자석에 빨려 들어가 듯이 그 깃발 아래에 모여 힘을 합치는 데서 기쁨을 발견할 것이다.

직장을 엔파워하는 리더

성과는 부하의 것

엔파워먼트라는 말을 자주 들어보았을 것이라고 믿는다.

엔파워먼트는 권한을 부여해서 그 사람의 파워를 끌어내서 풀 가동시킨다는 뜻이다. 관리자의 부하 육성은 부하가 지금 하고 있는 업무보다 조금 높은 단계의 업무를 시켜서 그것을 제대로 해낼 수 있도록 뒤에서 지도 또는 지원을 하는 것이다.

새롭게 부여하는 직무의 목표는 상사가 부하에게 납득이 가도록 이야기를 해준다. 수행에 필요한 지식이나 기술도 부여하지만, 동시에 본인의 자기 권한의 폭을 명확히 제시한다. 부하가 그 업무를 지금까지와는 다른 방식으로 하더라도 그 선택 권한은 부

하에게 있다.

　업무의 방식뿐만 아니라 성과도 부하의 것이다. 물론 부하는 상사에게 보고를 할 책임은 있다. 그러나 일단 업무를 맡긴 이상, 필요 이상으로 개입한다면 부하는 엔파워되지 않는다.

　부하가 업무에서 성공을 거두면, 그 공적을 직장의 모든 사원들에게 알려서 서로 기뻐하는 분위기를 조성하는 것이 바로 관리자의 일이다. 상사는 부하가 실패하지 않도록 배후에서 지원하고, 아이디어를 주더라도, "저것은 내 아이디어라구" 하고 말하는 것은 위험하다. 하물며 공적을 가로채는 상사가 있다면, 그것은 어불성설이다.

　부하에게 일단 업무를 맡겼으나 불안해져서 도중에 다시 빼앗거나 손을 내밀거나 하는 관리자가 때때로 있다. 걱정과 선의로 그러는 것이겠지만, 부하는 엔파워되지 않고, 상사에 대한 불신감이 부문 전체로 퍼져 나가서 사기 저하를 초래한다.

　엔파워된 직장에서는, 팀 리더는 팀원들과 하나가 되어 업무의 질적 개선을 도모하는 분위기가 조성되고, 그 업무를 통해서 부하의 능력을 개발할 수가 있다.

'관리'는 '통제'가 아니다

엔파워된 부하는 한 사람 한 사람이 자주적으로 업무를 추진해 나가므로 관리자는 부하와 부지런히 대화를 나누고, 개별적인 육성을 고려해야 한다. 업무를 가르쳐서 그대로 실행하게 하는 가르치기가 끝나면, 부하의 현재의 능력을 키우는 코칭을 한다.

코칭이란, 업무의 목표나 수행 기준을 제시해 주지만, 방법은 부하가 연구해야 하므로 그것을 지켜보며 필요할 때만 도와준다. 이것은 상사에게나 부하에게나 모두 정신적으로 상당한 스트레스를 주게 될 것이다.

관리자란 스테이터스(status＝신분)가 아니고, 그러한 인재 육성이나 인적 자원 활용의 지식이나 기능, 엔파워의 실시법 등을 터득한 전문직이다.

지금까지 일반적으로, 관리자란 '사람, 물건, 돈, 시간, 공간, 정보를 구사해서 성과를 올리는 사람'이라고 일컬어져 왔다.

관리자 연수가 미국으로부터 도입되었을 때, 영어의 매니지먼트를 '관리'라고 번역했기 때문에, 일본어가 지닌 '통제'라는 어감이 '관리'라는 말 속에 강하게 나타나서, 관리란 컨트롤하는 것이라고 많은 사람들과 관리자 본인까지도 포함해서 믿게 되었다.

젊은이가 관리자라는 말을 싫어하게 된 것도, 그러한 컨트롤이라는 말의 감각이 영향을 주었기 때문일 지도 모른다.

'관리' 와 '감독' 의 의미의 차이

　말은 번역했을 때, 그 나라의 문화와 뒤섞여서 의미나 내용이 약간 달라진다. 경영이나 관리, 감독의 개념은 마구 뒤섞여 있어서 나도 하나하나의 의미를 정확히 분별해서 이해할 수가 없어서 미국 정부의 노동부를 방문했을 때, 매니지먼트와 슈퍼비전 (supervision＝감독)의 의미 차이를 물어 보았다.

　그때 들은 설명으로는 슈퍼비전이란 부하를 써서 일을 시키고, 그 사람들의 노력을 통해서 성과를 내도록 사람들을 감독하는 것이다. 그러나 매니지먼트란, 경영 자원을 배합해서 성과가 나오도록 목표를 명확히 밝히고, 명령을 내리고, 계획을 세우고, 조직화하고, 협조를 꾀하고, 그 움직임이 궤도에서 벗어나지 않도록 통제를 행하는 것이다. 따라서 반드시 부하의 노력을 통해서 결과를 얻는다고만은 할 수 없다. 프로그램 매니지먼트처럼, 사람을 직접 쓰지 않더라도 매니지먼트를 하지 않으면 안 되는 경우도 있다고 설명해 주었다. 이 설명을 통해서, 나는 관리와 감독의 역할과 기능에 대해서 확실히 알았다.

　회사의 조직표를 그릴 때, 직위를 중심으로 한 포지션 차트(position chart)와 수행하는 기능을 그린 펑션 차트(function chart)가 있다. 많은 기업의 회사안내서 등에는 일반적으로 직위표가 게재되어 있다. 직위표는 계층별이 되기 때문에, 부장과 과장은 관리자, 계장은 감독자로 정하기 쉽다. 그러나 그 사람의 업무나 역할 내용을 중심으로 한 기능표를 만들면, 관리와 감독의 정의를 보다 쉽게 이해할 수 있다.

　관리와 감독의 역할이 다른 것처럼, 관리와 경영은 더욱 크게 다르다. 요즘에는 회사 안에 독립 채산의 사업부를 만드는 경우가 많지만, 그 밖에 사내 기업가를 모집하거나 기업 내 기업을 만드는 사원을 공모하거나 해서 조직의 구조가 유연해졌다. 그러한 새로운 구조를 성공시키려면, 관리자들이 경영 감각을 갖는 것이 강하게 요구된다.

　조직의 평준화가 진행되면 진행될수록 관리자는 부하에게 권한 위임을 하지 않으면 안 되며, 또 사내 벤처를 지향하는 젊은이가 늘어나면, 상사는 부하로부터 조직 감각을 재평가받게 된다. 그리고 새삼스럽게 도대체 경영이란 무엇을 하는 것인가, 조직은 어떠해야 하는가, 자신은 관리자로서 어떻게 행동해야 하는가 하는 문제에 직면한다. 회사의 경영 감각에 대해서도 비즈니스맨은 한 사람 한 사람 자신에게 물어보아야 하는 시대가 되었다.

여성 관리자를 늘려서 직장의 활성화를

남녀 혼성 집단이 직장을 활성화시킨다

고용기회균등법이 시행되기 이전의 일인 것 같다. 어느 잡지에서, 당시의 일본 항공의 사장이 "직장은 남녀가 뒤섞여서 일할 때 가장 활성화된다"고 한 담화를 읽은 기억이 있다.

그 사장은 "직장에서는 남녀가 뒤섞여서 일하는 쪽이 생기가 돌고 분위기가 밝다. 그 혼성 비율은 남성이 60%, 여성이 40%이어도 좋고, 또 그 반대라도 좋다. 아무튼 남성만 근무하든가, 여성만 근무하는 것이 아니라, 남녀가 적당히 뒤섞여서 일하는 편이 좋다"고 말했다.

그것은 1975년경의 일인데, 아직 고용기회균등법은 성립되어 있지 않았다. 우리들이 교육 컨설턴트로서 연수를 담당해도, 주제가 관리자 교육이라면 연수 대상자는 남성들뿐이고, 모두 감색이나 회색 양복을 입은, 이른바 '까마귀 군단' 이었다.

그러나 접대 연수를 하게 되면, 이번에는 참가자들은 여성들뿐이고, 교육의 내용은 기능을 중심으로 한 것에 한정되어 있다. 여성의 연수에는 그런 주제밖에 채용되지 않는 것에, 강사로서 아쉬운 생각을 품었었다.

MSC의 사내에서도 컨설턴트는 남녀로 나뉘어져 있었고, 나는 〈여성 능력 개발부〉라는 여성 컨설턴트 팀의 담당자였다.

직장의 업무는 남녀가 협력해서 하지 않으면 진행이 잘 안 되는데, 연수만은 남녀를 나누어서 하는 것에 대한 불만은 이 사장의 말로 정당화되었다. 나는 너무나 기뻐서, 기업의 인사연수 담당자에게 남녀 합동 연수를 실시하도록 권하거나, 여성의 등용을 적극적으로 해달라고 목청을 높여서 주장하거나 해서, 상대방을 당혹스럽게 한 기억이 난다.

남녀의 고용기회균등법이 실시된 지 이미 15년이 지난 현재에도 신입사원 연수나 그 밖에 일반적인 테마 연수는 남녀 합동으로 한다. 하지만 과장 연수가 되면, 참가자들 가운데 여성은 기껏해야 3/1이다. 부장 연수에 이르면, 여성은 10/1 정도이고, 하나의 그룹 속에는 1〜2명, 많아야 3〜4명으로 아직도 남녀 관리자의 합동연수는 이루어지지 않고 있다.

결국 여성 관리자의 수가 남성 관리자의 수에 비해서 압도적으로 적다. 2000년도판 『일하는 여성의 실정』(노동성 간행)에 의하면, 여성을 과장으로 임명하고 있는 기업은 약 30%, 부장은 그에 비해서 더욱 적어서 약 10%로 되어 있다.

그런데 최근에 여성 경영자의 수가 크게 신장되고 있다. 규모가 작아도 회사를 설립해서 경영자가 되는 여성이나, 중소기업에서 경영자로 승진해 있는 여성이 늘어나고 있다. 1999년 6월의 데이고쿠 데이터 뱅크의 조사에 의하면, 여성 경영자의 숫자가 6만 명을 넘고, 그 수는 전년보다 2천 명이 증가했다고 한다. 여성이 스스로 남성의 관리 사회로 들어가는 경향이다.

남녀가 적당한 비율로 뒤섞여서 같은 목표 달성에 힘쓰는 것이 직장의 활성화에 도움이 되므로 기업의 형태가 어떻든 간에 여성 관리자를 늘리는 것의 이점을 좀더 알아주었으면 좋겠다.

여성은 전문직에 어울린다고 단정짓지 말라

남성들 가운데는 아직도 여성을 다른 별에서 온 사람처럼 느끼고, '여성은 관리자로는 적합하지 않다. 전문직에 어울린다' 고 생

각하고 있는 사람들이 많은 것 같다. 관리 능력은 성별이 아니라, 각 개인의 능력과 의욕에 따라 달라지므로 여성은 전문직에 어울린다고 단정짓는 것은 좀 이상하다.

내 친구 중에는 대기업의 이사로까지 승진한 여성이 있는데, 직무를 수행할 때의 고충을 물어봤다. 그녀는 여성을 인정하지 않는 남성의 인식을 오히려 거꾸로 이용해서 다음과 같이 말했다.

"여성이 부장이 되어도 별로 문제될 것은 없어요. 우주인이 중역 자리에 앉았다고 해서 당혹스러워하고 있는 것과 같아요. 그러나 남성은 조직인이어서 일단 부장이라는 이름이 붙으면, 우주인이든 여자든 간에 부장으로 취급해 주니까 걱정 없어요"

과연 대기업의 이사직에 오른 여성이라서 배짱이 두둑한 대답이다.

여성 관리자를 연수시켜 보고나서, 여성은 능력면으로도 남성 관리자에 못지 않고, 오히려 관리자에 적합하다는 것을 실감했다. 특히 여성 관리자는 대인 능력이나 대화 능력이 뛰어나다.

여성은 남성에 비해서 권력 투쟁에 대한 야심은 작지만, 인재 육성에는 열심이기 때문에 요즘처럼 직무에 적합한 인재를 구하고 있는 시대의 관리자로서는 잘 어울린다. 여성이 야심이 작은 이유는 현재 관리자가 된 여성의 수가 적어서, 남성만큼 치열한 경쟁에 노출되어 있지 않기 때문일 지도 모른다.

그러나 여성 관리자가 남성 관리자에 비해서 좀 뒤떨어진 점이 있다면 관리자로서의 경험 축적이 적고, 여성 관리자들의 경험 지식이 여성들 사이에 범용성이 있는 지식이 되지 못했다는 것이다.

여성 관리자는 기업 풍토를 바꾼다

여성 관리자의 존재는 기업 풍토의 개혁에 크게 도움이 된다. 남녀 사이에 능력 차이는 없더라도 자라온 환경의 영향은 있어서 업무를 이해하는 방식, 느끼는 법, 사물을 보는 관점 등에 남녀가 각각 다른 점이 있다. 게다가 성의 차이도 있을 것이다.

남녀의 그러한 차이가 서로 뒤섞였을 때 조직 풍토의 변혁도 일어날 것이고, 상품이나 서비스에 대한 새로운 아이디어가 활발하게 생겨날 것이다.

여성 관리자는 소수이어서 조직의 틀 속에 묶여 있는 남성보다 주위에서 받는 억압이 적고, 그만큼 발상이나 행동의 자유도가 높은 것이다.

이제까지 여성은 만년 평사원이었다. 관리자로서 활약해온 역사가 짧기 때문에 관리자가 되어도 "이렇게 해야 한다"고 하는 〈해야 한다론〉이 없다. 행동을 규제하는 룰도 적고, 실수로 관

리자답지 않은 행동을 했다 하더라도 궁지에 몰리는 경우가 적어서 마음이 편하다.

여성 관리자는 남성이라면 이런 자리에서 이런 발언은 하지 않고, 이런 감정은 억누르며, 그것이 조직의 상식이라고 주위 사람들이 생각하는 것을 깨닫지 못한 채 태연스럽게 자신의 룰에 따라서 행동한다. 조직원들이 어처구니 없어해도 본인은 깨닫지 못하고, 주위 사람들한테 지적을 받아도, "아, 그랬나요" 하고 가볍게 받아 넘겨서 상처를 입는 일이 적은 것 같다. 그것은 때로는 신선한 자극이 되어서 직장 사람들을 놀라게 하고, 기성의 사고 방식을 바꾸는 계기가 된다는 메리트가 있다.

업무의 다양화가 심한 현대에서는 지금까지와는 다른 방식을 도입하거나, 다른 부문이나 타사와 네트워킹하면서 업무를 추진하지 않으면 안 된다. 그럴 때, 지금까지 지켜온 조직의 룰에 어두운 여성 관리자가 어깨에 힘을 주지 않고 파트너십을 잘 발휘해 나갈 것이다.

이제 남녀의 역할 분담은 무리다

일하는 여성의 활용과 지원을 위해 많은 기업에서 육아 휴업, 파트 타임 근무, 자유 근무 시간제, 재고용 등의 제도 개선을 충실히 해서 여성은 집안일이나 육아를 하면서 일을 계속할 수 있게 되었다.

다만 앞으로 문제가 되는 것은 늙은 부모나 가족의 뒷바라지이다. 육아 쪽은 아이가 해마다 성장해서 별 문제가 없지만, 노인의 뒷바라지는 기한이 없다.

이런 제도들은 여성뿐만 아니라 남성 사원에게도 적용되고, 최근에는 간호 휴가를 얻는 남성이나 육아 휴업 아빠도 조금씩 생기기 시작했다.

여성이 일을 계속해 나가는 것은 한 여성의 문제가 아니라, 그 가족 전체의 문제로 생각해야 한다. 직장인은 캐리어 플랜과 라이프 플랜, 패밀리 플랜을 한꺼번에 계획하는, 일과 가정에 남녀가 함께 참여하는 시대가 되었다.

그러나 자영업을 예로 들어 보면, 옛날이나 지금이나 "남자는 일, 여자는 가사" 식의 역할 분담이 아니라, 남녀가 함께 참여를 하고 있다. 빵집이든 초밥집이든, 남편은 생산 부장으로서, 아내는 영업 부장으로서 함께 일한다. 가사나 육아는 여성이 주역이

지만, 가족 모두가 협력하는 테마이다.

내가 어렸을 때 우리 집은 개업의였기 때문에 아버지는 기술 부장, 어머니는 영업 부장이고, 가사는 아이들이나 가정부의 몫이었다. 메이지 태생인 아버지는, 여자아이는 학교 공부를 하기보다는 재봉, 취사, 세탁, 청소를 잘 해야 한다고 했다.

나는 재봉이나 취사 등은 좋아했지만, 청소와 세탁은 딱 질색이었다. 친구들을 보아도 요리 · 재봉형과 청소 · 세탁형 두 타입이 있는 것 같다.

일하는 여성이 직업을 가지면서 혼자서 이 일을 다 해나간다는 것은 거의 불가능에 가깝다.

남녀 협동으로 새로운 지혜를

도우미가 필요하다

정보 기술의 활용이 발달한 시대이니 자영업이든 회사 근무든 간에 집안에 IT 도구가 좀더 들어와 주었으면 좋겠다. PC뿐만 아니라 로봇이 도우미로서 대신 일을 해주지 않을까? 로봇이 구석구석까지 깨끗하게 청소해 주면 큰 도움이 될 것이다. 세탁도 산뜻하게 다림질까지 해준다면, 직업을 가진 주부는 시간에 쫓기지 않고 일에 좀더 시간을 쓸 수 있을 것이다.

애완용 로봇도 귀엽고 마음을 달래주겠지만, 일과 육아로 바쁜 여성은 도우미 로봇이 매일 무거운 장바구니를 들어다 준다면 어깨가 쑤시는 것이 없어질 것이고, 밤에 귀가 길을 에스코트해 주

면 마음이 든든할 것이다.

아이를 보육원에 맡긴다 해도, 아이를 보육원에서 데려올 시간까지 회사일을 끝내려고 조바심을 친 경험을 많은 일하는 주부들은 갖고 있다. 로봇에게 그 일을 부탁할 수는 없을까?

혼자 사는 노인은 말상대가 필요하고, 호텔에서는 젊고 잘생긴 도어보이 로봇이 짐을 들어다 주면 팁을 줄 필요도 없다.

직장의 업무만 하더라도, 일상적인 따분한 업무를 처리하는 주부사원은 '이 일은 인간이 처리하지 않아도 되지 않을까' 하고 생각하고 있다. PC의 활용은 직장을 페이퍼리스로 만들기는커녕 오히려 카피하는 일이 늘어났다. 팩스 일도 한꺼번에 밀리면 무시할 수 없는 양이어서 주부사원의 작업을 늘리고 있다. 중견 주부사원에게는 부리기 힘든 신입사원보다는 잔소리도 필요 없고 신경을 쓰지 않아도 되는 도우미가 필요할 것이다.

부엌에서의 발상을 살려라
– 어려운 기술 용어 해설을 어린이라도 알 수 있도록

영국의 문학가인 버나드 쇼는 "여자는 자궁으로 생각한다"고 말했다. 지금 같으면 성희롱감이지만, 만일 그것을 "여자는 부엌

에서 생각한다"고 말해 주었다면 전적으로 옳다고 동의했을 것이다. 부엌일을 하고 있으면 예상 외로 발상이 풍부해져서 여러 가지 아이디어를 생각해내게 된다.

중국에서는 문장을 구상하는 장소를 3상(三上), 즉 "마상(馬上=말 위)", "침상(枕上=베개 위)", "측상(厠上=측간 위)"이라고 했지만, 지금은 '남자가 주방에 들어가는' 시대이므로 남녀 구별 없이 '부엌일 하던중의 발상'이 새로운 상품이나 서비스를 생각하는 데 도움이 될 것이다.

차량 공장에서 수출 업무를 담당하고 있었을 때의 일이다.

차량을 제작하거나 보수하는 기술을 배우기 위해 일본에 온 이집트인 기술자의 교육을 도와주게 되었다.

가르치는 것은 히타치의 기술자였지만, 교육 텍스트의 작성이나 강의의 통역은 내 몫이었다. 하지만 인문계 출신인 나는 기술자의 얘기를 좀처럼 알아들을 수가 없어서, 번역도 통역도 할 수가 없었다.

공장을 돌아다녀 보거나 여러 가지를 배우는 사이에 알기 어려운 것을 손쉽게 빨리 이해하려면, 알고 있는 것을 예로 인용하여 유추하는 것이 가장 좋은 방법이라는 것을 깨달았다.

기술자의 이야기를 듣고 있으려니까, 공장의 물건을 만드는 일

은 재봉, 취사, 세탁, 청소 등의 집안일과 비슷하다는 것을 알 수 있었다.

차량의 바깥판을 프레임에 붙일 때, 스폿 용접이나 스폿 히팅으로 처리한 뒤 팽팽하게 하기 위해서 물을 뿌린다. "난 또 뭐라구! 창호지 바르는 것하고 똑같군 그래"

기술자는 '그렇게 간단한 것이 아니라구요' 하고 생각했을 지도 모르지만, 내용을 대충 파악하고나면 통역을 하기가 쉬워진다. 마찬가지로 철재의 열처리에서 '서냉(徐冷)'이라든가 '급랭'이라는 것은 고구마를 찔 때와 시금치를 파릇파릇하게 하려고 살짝 데쳐서 서둘러 냉수에 집어 넣는 것과 마찬가지다.

근채류(무, 당근처럼 뿌리를 먹는 채소) 등을 삶을 때 같은 크기로 자르면 열이 통하는 것이 균일해서 동시에 맛있게 삶아지는데, 용접 작업도 홈을 파는 것이나 비드를 놓는 것이 정연하게 통일되어 있지 않으면 강도가 문제가 된다.

연근이나 무 등 재료의 성질이나 섬유질의 모양에 따라서 씹히는 맛을 원할 때와 부드러운 촉감으로 만들고 싶을 때는 자르는 법도 삶는 법도 서로 다르다. 재료의 성질이나 섬유질의 모양에 따라서 일을 하라고 어머니한테 싫도록 잔소리를 들었는데, 소재의 성질을 알고서 일을 하는 것은 집안에서나 물건을 만드는 공장에서나 마찬가지다.

　기술적인 것은 어렵다고 처음부터 생각했기 때문에, 그렇게 생각하니까 마음이 편해졌다. 기술자가 아무 지식이 없는 나에게 이야기의 내용을 대충이라도 파악할 수 있도록 내가 알고 있는 것과 관련지어서 가르쳐주면 좋겠는데, "남자는 회사, 여자는 부엌" 시대의 기술자에게 그것을 바라는 것은 무리였다.

　엉뚱한 발상이라도, 내가 알고 있는 것과 겹쳐서 유추하여 그럭저럭 일을 이해할 수 있게 되었다.

　인물 평가에서 기술자의 능력 요건 속에 "테크니컬 인터프리테이션(technical interpretation)"이라는 항목이 있다. 그리고 그 해설에는 "어려운 기술 관계의 이야기를 될 수 있는 대로 쉽게 설명할 수 있는 능력, 가령 6세 아이라도 알아들을 수 있게 이야기하는 능력"이라고 씌어 있었다. 각 분야의 전문적인 것을 상대방이 알고 있는 일과 관련시켜서 알기 쉽게 이야기하는 대화력은 관리자가 아니더라도 중요한 능력인데, 양육이나 부엌일 등 생활 경험이 많은 여성 쪽이 더 잘 해낼 수 있을 지도 모른다.

　남녀 관리자가 각기 다른 관점에서 발상한 아이디어를 교환하고, 그것을 바탕으로 보다 참신한 상품이나 서비스의 아이디어를 만들어내는 대화를 할 수 있다면, 대단히 생산적인 남녀 혼성의 관리자 집단이 생겨서 직장이 활성화될 것이다.

본보기가 없는 여성 관리자

여성 관리자가 늘어났다고 해도 아직은 그 수가 적어서 행동의 본보기가 없기 때문에, 모두들 각자의 개성에 따라서 관리자의 역할을 수행하고 있다.

그녀들의 관리 태도를 살펴보면, 배짱 아줌마 타입, 친절한 언니 타입, 이론 무장 타입, 신인류 타입 등의 특징을 갖고 있는 것 같다.

배짱 아줌마 타입은 경험을 바탕으로 결단력을 발휘하고, 사소한 일에 신경쓰지 않고, 부하를 어린애처럼 다루고 격려한다.

친절한 언니 타입은 뒷바라지를 잘해 주고, 부하를 꾸짖는 일은 전혀 못 하고, 일을 할당할 때 부탁하기 힘든 것은 자신이 하고 만다.

전자의 두 타입은 옛날부터 흔히 볼 수 있었던 이른바 고생한 사람들의 타입으로 꾸준히 일을 계속해 온 사람들이다.

후자의 두 타입은 전후형이다. 이론 무장 타입은 학력이 높고, 논리적인 관점으로 주위를 설득하여 목표를 달성시킨다. 직업의 경력을 쌓을 계획을 확실하게 갖고 있는 사람들이다.

신인류 타입은 지금 30대 정도로 남자나 여자의 구별이나 차별을 처음부터 느끼지 않고 자라났다. 상대방이 남자라고 해서 사양을 하는 일도 없고, 언제든지 자신의 의견을 똑바로 말한다. 라이프 플랜을 소중히 여겨서 일보다는 먼저 자신의 생활방식을 중심으로 생각하기 때문에, 관리자가 되어도 언제 갑자기 퇴직해서 다른 길을 걷기 시작할 지 모른다.

어쨌든 간에, 경영자는 우선 적극적으로 여성 관리자의 수를 늘려 나가고, 그리고 젊었을 때부터 등용하여 관리자 경험을 쌓도록 해야 한다고 생각한다. 남녀의 지혜를 통합하면서 일을 할 기회가 앞으로 점점 늘어날 것이고, 그것이 조직에 신선한 기운을 가져다줄 것이다.

사람 만들기는 관리자의 몫

부하의 평가와 관리자의 지도

관리자의 직무 가운데서 중요하면서도 신경을 써야 하는 것은 평가 면접이다. 부문의 리더로서 목표 달성, 업무 향상, 인재 육성 등을 추진해 나가기 위해 1년에 몇 차례씩 부하와의 평가 면접을 하는데, 그 면접을 할 때 관리자가 뛰어난 대화술로 부하들과 마음을 열고 이야기를 나눌 수 있다면 그 직장에는 활기가 생긴다.

전문 지식이 깊은 부하를 가진 관리자는 부하와 같은 수준의 지식을 갖고 있지는 않더라도, 일을 하기 쉽도록 지원할 수 있는 능력은 갖추어야 한다.

일을 지나치게 많이 알고 있는 상사는 자신이 알고 있는 분야에 대해서는 지나치게 세밀하게 개입하고, 모르는 분야에 대해서는 방임하기가 쉽다.

이것을 내가 절실하게 느낀 것은 어떤 백화점의 과장을 대상으로 연수를 하고 있을 때였다. 그 백화점 1층에서 신사용 양말을 담당하고 있던 계장이 과장으로 승진했다.

그는 신사 양말 부문에 대해서는 사입부터 상품의 구색, 진열 방식까지 세밀한 지시를 내렸기 때문에 새로운 계장은 아무런 권한도 위임받지 못해서 뾰루퉁해졌다. 한편, 같은 층의 여성 액세서리 부문의 계장에게는 "잘 모르니까" 하고 모든 것을 맡겨 버렸다. 그래서 모두들 뒷전에서 "저 사람은 양말과장이라니까!" 하고 비웃고 있었다.

이 과장이 부하에게 신뢰받기 위해서는 자신이 관할하는 4개 부문의 계장들과 충분한 대화를 나누고, 자신이 모르는 부분은 계장들한테 배우겠다는 자세로 정보수집을 해야 한다.

신임 과장이니까, 특히 그해의 목표를 달성하고 싶을 것이다. 그러기 위해서는 부하들과의 일상적인 접촉을 늘리고, 새로운 형태로의 면접, 즉 목표 관리나 업무 평가, 인사 고과 등의 계획을 세워서 정기적으로 몇 차례씩 대화를 갖지 않으면 부문 전체의 움직임을 파악할 수가 없다.

어느 기업에서나 신임 관리자에게는 평가자 연수를 시킨다. 지금까지 평가당하는 입장에 있다가 이번에는 반대로 되니까, 평가 면접의 노하우를 배우지 않으면 자신감을 갖고 부하와 대화를 나눌 수가 없다.

평가자 연수에서 맨 처음 몸에 익히는 것은 부하의 행동을 정확하게 파악하고, 보유하고 있는 능력과 앞으로 강화하지 않으면 안 되는 지식이나 기능을 정확히 아는 일이다.

평가 목적은 부문의 목표 달성도이므로 관리자는 부하의 현재의 업적을 확인하고, 연말까지 부하들이 목표를 달성할 수 있도록 지도나 지원을 해주어야 한다.

평가란 인간이 인간에게 점수를 매기는 것이므로 아무리 관리자가 진지하게 공평성, 객관성, 납득성을 감안해서 면접을 하고 평가를 하더라도, 모든 부하를 다 만족시킬 수는 없다. 그렇다고 해서 지나치게 후하게 매기거나, 평지풍파를 일으키지 않으려고 점수를 중앙에 집중시키거나 하면 오히려 불공평해진다.

관리자도 사람이니까 적극적으로 접근해 오는 사람에게 호감을 갖거나, 감정의 표출이 적은 사람에게는 "저 녀석은 알 수가 없다니까" 하고 자칫 점수를 박하게 매기거나 한다. 평가자가 빠지기

쉬운 함정은 헬로 효과나, 점수를 후하게 주거나 너무 박하게 주어서 균형을 잃는 것, 또 결단력이 부족해서 생기는 중심화 경향이다.

'인물 평가'의 창시자, 브레이 박사는 능력 평가에 대해서 "인간은 하느님의 대리자가 될 수 없다. 그러나 여러 사람이 다면적 평가로 주관적인 관찰을 많이 모을 수 있다면, 조금씩 객관에 가까워져 간다"고 말했다.

관리자가 하는 업적 평가는 수치의 데이터를 바탕으로 하고 있으며, 또 오랜 시간을 들여서 그 사람의 일상적인 행동을 관찰하고 있으므로 그만큼 신뢰성은 높다. 그러나 상사라고 하는 입장에서 일단 "저 녀석은 이렇다" 하고 믿기 시작하면, 그 생각이 고정되기 쉽다. 인물 평가는 제3의 평가자로서 그러한 단점을 보충해 준다.

최근에는 인사 평가도 목표 달성을 향해서 인재 육성을 주안으로 삼게 되었다. 인사 제도나 급여 체계가 복잡해지고, 등용도 제너럴 매니저 코스나 전문직 코스 등을 선택할 수 있게 되었다.

보수도 연봉제, 기본급＋보너스, 또는 풀 커미션제 등 사원이 급여를 받는 방법에 대해서 선택할 수 있는 회사가 늘어났다.

그 밖에 사내 공모제, 프리 에이전트제, 사내 벤처 모집 등 다양한 연구가 시도되어서, 사원의 자주적인 선택을 추진하고 있다.

그렇기 때문에 관리자는 부하의 자주적인 선택에 대해서는 좋은 조언자로서의 역할을 해야 된다.

목표에의 납득성을 높여라

업적의 연도 목표 달성은 관리자의 책임이다. 부문의 리더는 그 해의 목표 수치를 지향하여, 목표 숫자를 그룹이나 한 사람 한 사람의 개인에게 할당하고 협의를 해야 한다.

목표 수치가 지금까지와 너무 크게 달라지지 않으면 협의하는 것에도 문제가 없다. 그러나 요즈음에는 많은 회사에서 상당히 큰 목표 수치를 제시하고 있으므로 일하는 방식을 바꾸지 않으면 달성하기가 어려워서 이 면접은 상사에게나 부하에게나 지혜의 경합장이다.

목표 관리 면접은 연초의 목표 설정, 중간 달성도, 연말 리뷰식으로 1년에 3회 가량 실시한다. 개중에는 4분기마다 행하고 있는 회사도 있다.

관리자는 분기가 시작되기 2, 3개월 전에 전체 부원을 모아 놓고 회사 목표와 자기 부문의 목표를 이야기하고, 그 뒤에 개인별로 이야기를 나눈다.

인사 면접에는 관리자의 뛰어난 대화술이 필요하다. 부하에게 의욕을 갖게 하여 목표를 달성시키기 위해 행동을 하지 않으면 안 된다.

중간에 달성도를 체크할 때에는 부하가 예정대로 실적을 올리고 있으면 괜찮지만, 이대로는 연말에 미달될 것 같은 상황일 때는 큰일이다. 최종 평가가 마이너스가 되지 않도록 부하의 앞으로의 행동에 대해서 지혜를 빌려 주고, 동기부여를 해서 꼭 달성하도록 도와준다.

이러한 면접 결과는 승진이나 급여, 임금에 반영하게 되므로 부하 쪽도 신경질적으로 반응을 보이게 되어 있다. 납득이 가는 평가 결과의 피드백이 없으면, 상사와 부하 사이의 신뢰 관계가 깨진다.

한 사람 한 사람의 능력 강화

관리자는 부문의 목표 달성을 지향하여 부하 한 사람 한 사람의 능력 강화를 생각하고, 중점적인 능력 개발과 행동 항목을 제시해야 한다. 예를 들어 상대방이 영업사원이라고 하자. 이번 분기의 목표 달성을 위해 강화하고 싶은 능력은 거래처 신규 개척, 고객 만족, 타부문과의 영업 제휴 등 3가지로 압축하기로 했다.

그래서 면접에서는 예를 들어 "타부문과의 제휴"를 거론하면, 관리자는 부하에게 기대하는 행동을 구체적으로 이야기해 준다. 타부문에 어떤 정보 제공을 하는가, 어떻게 협력을 얻어내는가, 그 시기나 빈도 등에 대해서 부하에게 조언하고, 그 합의를 얻어낸다. 그리고 진척 상황을 언제, 어떻게 체크할 것인가에 대해서도 약속을 한다.

또한 관리자는 부하가 그러한 행동을 취할 때의 어려운 점이나, 도움을 원하고 있는 것을 물어보고, 전면적인 지원 계획을 세운다.

중간 체크를 할 때는 정해진 일이 예정대로 진행되고 있는가, 다시 도움이 필요한가 어떤가를 묻고, 때로는 이대로 진행되면 급여의 사정에도 영향이 있을 지도 모르니까, 지금 어떻게든 노력하자고 협력을 제의하고, 또 경고를 한다.

이러한 면접은 한쪽이 "평가하는 사람"이고, 다른 쪽이 "평가받는 사람"은 아니다. 상사와 부하가 협력해서 문제 해결을 하는 장이다. 목표를 달성하기 위해서 진지하고 협력적인 분위기 속에서 양자가 힘을 합치고, 서로 지혜를 끄집어낸다.

부하와의 면접에서는 이러한 정기적인 평가 면접은 부수적인 것이고, 일상적인 OJT(on-the-job training = 직장 내 훈련) 지도가 주된 면접이다. 또 정기적인 평가 면접을 할 때도, 관리자와 부하 사이에 따뜻한 교류나 친밀한 분위기가 조성되어야 한다. 그러기

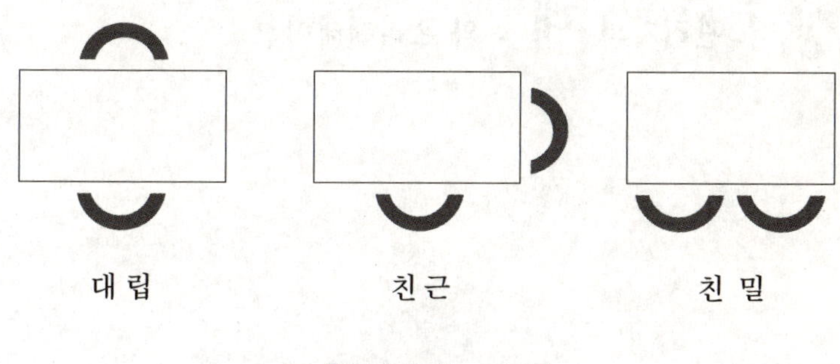

【좌석에 앉는 방법】

위해서는 양자가 앉는 좌석의 위치에까지 신경을 써야 한다.

도표와 같이 두 사람이 마주보고 있으면 대립적인 분위기가 생기고, 90°의 각도라면 친근한 분위기가 생기며, 나란히 앉으면 친밀한 분위기가 생겨난다. 작은 일 같지만, 관리자가 일어나서 문을 열고 부하를 맞아들이는 것과 같은 동작은 따뜻한 분위기를 만든다.

면접할 때에는 부하의 업무에 대한 태도를 관찰한다. "좋아하는 것일수록 잘 한다"고 하는데, 부하가 특기로 삼는 업무를 구별하고 싫어하는 일은 "왜 싫은가"를 이해한다면, 해결의 길이 열릴 것이다.

좋아하는 일, 특기로 삼는 일, 모두로부터 인정받는 일을 부하들이 할 수 있다면, 목표 달성은 쉽다. 그러한 직무 수행상의 문제나 상황을 분석하는 것이야말로 관리자의 역할이다.

상급 관리자의 대화와 프리젠테이션

경영과 관리에 대해서 생각하라

지금까지 관리자로서 행동해 온 상급 관리자가 새롭게 임원이 되었을 때, 업무와 역할이 다르다는 것은 이성적으로는 알고 있지만, 행동이 따라 가지를 못한다. 그 위에 이런 입장이 되면 해결 방법이 없다. 실제로 경영진의 입장이 되어도, 여기저기서 장벽에 부딪치고나서야 비로소 자신은 경영진으로 무엇을 기대받고 있는가, 그러기 위해서는 자신의 어떤 강점을 살려 나가는 것이 좋을까를 새삼스럽게 생각하게 된다.

기업의 조직 변혁이 빈번하여 부문이 자회사로 독립하거나, 사업부가 독립 채산으로 프로핏 센터가 되거나 한다. 상급 관리자

는 갑자기 사장이 되거나, 사업본부장으로 경영상의 책임을 져야 되는 경우가 많아졌다.

【경영자와 관리자의 차이】

경 영 자	관 리 자
외부 논리	내부 논리
Unlearning	Relearning
혁 신	개 선
효과적인 영향	업무 추진의 효율
결과 중시	과정 중시
Where · What	How · Why

그래서 당장 필요해지는 것은 자기 자신의 생각을 어떻게 정확하게 알기 쉽게, 사원의 의욕을 불러일으키도록 전달할 수 있느냐 하는 프리젠테이션 능력이다. 또 한 사람 한 사람의 부장들과 면접해서, 상대방의 마음을 열게 하는 대화술이다. 이것은 리더로서의 존재감을 부여하는 데 중요하다.

상급 관리자는 지금까지 조직의 중책에 있었기 때문에 경영의 관점도 알고, 사원 집단의 동향을 파악할 수도 있어서 조직 속에서 상하 좌우로 의사 소통의 통로 역할이 기대된다. 사원에게는 지도를 하기 위한 대화, 경영주에게는 현장에서 발생하고 있는

문제 정보를 끊임 없이 알려 주는 대화 등을 하고, 경영주와 함께 기업이 향해 가야 할 방향을 생각하기 위한 참모가 되어서 정보를 공유화할 필요가 있다.

관리자는 관리의 전문직이라고 말했는데, 경영을 하는 데에는 전문적인 노하우가 필요하다. 상급 관리자로부터 한 계단 올라가서 경영진에 들어가면, 또 다른 경치를 볼 수 있을 것이다. 조직의 계단을 올라가면 올라갈수록 이야기를 듣고, 문서를 읽고, 움직임을 관찰하고, 대세를 읽는 것과 같은 수신(受信)의 일과 비전이나 전략을 전하는 것과 같은 발신(發信)의 일이 많아진다. 정보에 대한 감도는 예리해야 하고, 갖가지 다른 각도의 정보 속에서 참다운 것, 필요한 것을 파악해 나가지 않으면 역할을 완수할 수가 없다.

상급 관리자의 360도 평가

요즘 기업의 상급 부장들을 대상으로 해서 경영자로서 주위로부터 기대받는 능력 파악을 위해서 360도 평가를 실시하고 싶다는 주문이 많아졌다.

'360도 평가'란, 자신의 행동을 스스로의 평가도 포함하여 부

하, 동료, 상사, 타부문의 사람, 고객 등으로부터 관찰·평가받는 것을 말한다. 방법은 수십 개의 질문 항목을 사용해서 선택한 능력 항목을 5단계로 평가한다.

대상자가 자신의 비즈니스 행동을 다른 제3자나 제4자로부터 평가받고 그것을 자기 평점과 비교해 보면, 그 점수의 차이가 너무 커서 때로는 충격을 받기도 한다.

기업이 원하는 것은 상급 관계자가 지금까지의 관리자 행동에서 벗어나서, 경영진으로서의 대국적인 판단을 내릴 수 있게 되기를 바란다. 그것을 위한 자각의 도구로서 자사용으로 주문제작한 '360도 평가'를 작성하도록 하는 것이다.

많은 기업들이 이 프로그램의 필요성을 절실히 느끼고 있다. 조직 속에서 지위가 높아질수록 자신의 행동에 고언을 해주는 부하가 줄어든다. 최고 경영자쯤 되면 세상의 처참한 움직임의 바람에 노출되어서 싫어도 자신의 행동을 분석하고, 변화에 대응해 나가고 있으니까 변혁 지향이다.

그런데 상급 관리자는 마치 태풍의 눈처럼 자기 부문의 정상에 서서 목표 달성에 전력투구하기에 바빠서, 자신의 능력을 스스로 분석을 하고, 자신의 언동을 다시 한 번 확인해 보는 여유를 좀처럼 만들어낼 수가 없다. 그 때문에 '360도 평가'에 의한 타인의 평가, 특히 부하의 평가에 충격을 받는 경우가 많은 것이다.

회사의 경영은 상급 관리자 가운데서 선발된 사람들의 손에 건네지는 것이기 때문에 후계자 양성이 중요한 과제이다. 그런데 관리자를 위한 연수 프로그램은 수없이 많은 데도, 경영진을 대상으로 하는 연수 프로그램이나, 후계자 육성 등의 프로그램은 형편 없이 적은 것이 현실이다.

상급 관리자에 대한 '360도 평가'의 활용 목적은 회사에 따라서 각각 다르다. 예를 들어 글로벌하게 세계의 각 지역에서 일하고 있는 현지 사장이나 사업 부장의 리더십의 발휘 방식을 파악한다든가 다음 세대의 경영을 짊어질 사람을 뽑기 위해서라든가, 상급 관리자 수준의 사람들이 가장 활약할 수 있는 직무를 판정하기 위해서라든가 회사의 수만큼 그 활용 목적의 수가 많다.

'360도 평가'를 실시해서 질문지의 회답을 분석하고, 본인에게 피드백하거나 그룹 단위로 토의하거나 하는데, 다음과 같은 반응을 찾아볼 수 있다.

회답자가 익명으로 되어 있기 때문인지, 특히 부하나 동료들로부터의 평가가 박하고, 자기 평점과 부하가 매긴 점수 차이가 너무 커서, "이럴 리가 없는데…" 하는 소리가 들린다. 상급 관리직 정도가 되면 지금까지 축적한 경험이 많아서 자신감을 갖고 행동하고 있었는데, "이렇게 나를 몰라 주다니!" 하고 다시 생각하게 된다. 또 자신이 관리자로서 역점을 두고 있던 일과 부하가 구하고 있는 방향에 상당한 차이가 있다는 것도 깨닫게 된다. 평가 경향을 보면, 부하는 상급자에게 좀더 경영적인 시선으로 내일을 이야기해 주기를 바란다고 한다. '360도 평가'를 받은 관리자들 가운데는 "그럼, 오늘의 실적은 어떻게 하느냐" 하고, 현실만을 문제 삼는 사람도 적지 않다.

연수의 담당자로서 '360도 평가'를 실시해 본 결과 상급 관리자들과 부원들 사이에 커뮤니케이션이나 상호 교류가 부족하다는 것을 절실하게 느꼈다. 그러므로 상사와 부하가 속마음을 털어놓는 대화를 좀더 자주 할 필요가 있다.

7

생활 속의 대화술

- 경험에서 배우는 대화술
- 새로운 도구에는 새로운 매너를
- 대화로 마음의 유대를 맺는다

경험에서 배우는 대화술

잡담의 효능

우리들은 오랫동안 '잡담'을 하는 것은 천박한 짓이고, 조용하게 있는 것은 예의가 바르다고 말해 왔다. 일본의 문화가 대화의 효능을 부정해 왔는 지도 모른다. 그리고 그 때문에 대화술의 훈련을 그다지 중요한 것으로 여기지 않았는 지도 모른다.

그러나 비즈니스 사회에서는 고객, 직장 동료, 그 밖의 관련된 모든 사람들과 대화를 하지 않으면 아무것도 진행되지 않는다. 그리고 그런 대화는 직접 마주해서 하는 것, 편지나 E-메일, 전화나 인터넷 등 그 수단이 다양해졌다. 대화의 상대도 다양한 국적을 가진 사람들이 되었다.

사람들은 비즈니스의 대화술은 중요시하고 있지만, 생활 속의 대화술은 약간 경시하고 있다.

아침 일찍부터 쓰레기를 가져가는 청소부 아저씨, 도로를 깨끗이 쓸어 주는 이웃집 아주머니, 속달을 배달하러 오는 우체부 아저씨, 무거운 택배 물품을 가지고 오는 사람 등 우리들은 하루종일 사람들 사이에서 생활을 하고, 말을 나누고, 그 대화로 인해서 마음이 훈훈해지거나 불안해지거나 하고 있다.

혼자 사는 친구가 어느 날 나에게 이렇게 말했다. "노는 날 집에서 한 발자국도 밖에 나가지 않고, 전화도 걸려 오지 않고, 사람도 찾아오지 않는 날이 가끔 있어. 그럴 때는 나도 모르게 혼잣말을 하게 된다니까. 그리고 나도 이젠 늙은 것 같은 생각이 들어서, 황급히 밖으로 뛰쳐 나가 볼일이 없어도 시내에서 쇼핑 등을 하면서 사람에게 이야기를 걸지 않으면, 마음속에 응어리가 생겨 버린다구"

왠지 모르게 서글픈 이야기지만, 역시 인간은 남과 이야기를 하고 싶어하는 동물인 것이다.

의사와의 대화

병원에 가면, 아무래도 자신과 궁합이 맞는 의사를 찾게 된다. 그리고 의사한테 애기를 들으면 원기가 솟는다.

이야기를 나누거나 접촉을 하면 사람은 원기를 얻게 된다.

요즘에는 그 '접촉'이라고 할까, 촉진을 하는 의사가 점점 사라지고 있다. 기계로 검사를 하고, 채혈을 하고, 카르테에 무엇인가를 적어 넣고 있어도, 의사에게 직접 이야기를 하거나 물어보지 않으면 환자는 불안해진다.

나는 운 좋게도, 대단히 좋아하는 의사와 오랫동안 접촉을 해 오고 있는데, 언젠가 의사 입장에서 본 환자와의 대화에 대해서 물어 보았다.

"그야 물론 여러 종류의 환자들이 있지요. 장황하게 이야기를 늘어 놓지만 결국 무엇을 말하고 싶은 것인 지 알 수 없는 사람도 있고, 일일이 의심스러운 듯이 물어보는 사람도 있고, 이쪽의 주의 사항에 대답은 하지만 아무래도 집에 돌아가서는 지키지 않을 것 같은 사람도 있어요. 하지만 바쁠 때는 너무 길게 이야기하는 것은 곤란합니다" 의사도 환자를 꽤나 꼼꼼이 관찰하고, 꾹 참고 듣고 있는 것 같다.

"저는 어떤 타입입니까?" 하고 내가 물어보았다.

"당신은 어떤 쪽인가 하면, 정확히 요소요소에서 설명을 하지 않으면 마음에 들어하지 않는 것 같아요. 너무 세밀한 것은 묻지 않지만, 이상한 생각이 들면 즉시 질문을 하지요" 하고 평가를 해주었다.

"요컨대 집요하다는 얘기입니까?" 하고 다시 물었더니

"아뇨, 집요하지는 않아요. 하지만 당신에게는 대등하게 솔직하게 이야기하는 것이 좋은 것 같아요. 환자도 다양해서요 공손히 단어를 골라서 이야기를 요약하고, 걱정하지 않도록 신경을 쓰지 않으면 안 되는 사람도 있습니다. 이야기의 내용보다는 상대방이 어떻게 받아들이는가를 걱정하지 않으면 안 되는 사람 쪽이 많으니까요" 하고 의사는 대답했다.

그리고 의사는 다시 말을 이었다.

"당신에게 충고를 하나 한다면 만성적인 병은 몸 상태를, 하다 못해 일 주일쯤 사이를 둬도 좋으니까, 스스로 메모해서 의사에게 보이는 습관을 갖도록 하세요. 의사에게도 도움이 되고, 진찰실에서 만났을 때 뿐만 아니라, 일상의 상황을 알 수 있으니까요. 메모를 할 수 있는 데도, 당신은 그것을 하지 않습니다" 하고 생활습관까지 진찰을 해주었다.

'과연 의사라는 직업은 병을 진단하는 동시에 환자의 기분이나 생활습관까지도 진단하고 있구나' 하고 새삼스럽게 깨달았다.

의사의 입장에서 보면 '당연한 일' 이겠지만, 이야기하고, 듣고, 쓰고, 읽는 것과 같은 언어와 표정, 동작, 행동 등의 비언어를 합친 대화술은 어느 직장에서나, 또 인생의 어느 장면에서나 필요하다.

'듣는 것'은 '말하는 것'

언젠가 정원사가 일하는 모습을 보고 있었다. 정원사는 나무를 심거나, 돌을 움직이거나, 흙을 집어 넣거나, 가지치기를 하거나, 조금 뒤로 물러나서 바라보거나 하면서 정원을 만들고 있었는데 그 모습을 보고 있자니까 조금도 지루하지가 않았다.

"나무를 심은 덕택에 좁은 뜰에 깊이감이 생겼네요" 하고 정원사에게 말했더니, "그런 것 같습니다" 하고 만족스러워했다.

거기에 친구가 찾아와서는 나무 한 그루 한 그루의 가격에 대해서 묻기 시작했다. 처음 얼마 동안은 정원사도 묻는 대로 대답을 하더니, 끝에 가서는 귀찮아졌는지 "사모님, 죄송합니다만 볼일이 좀 있어서요" 하고 가버렸다.

나중에 정원사는 나에게 "그런 식으로 한 그루씩 가격을 묻고, 그것을 합쳐서 정원을 만드는 비용을 계산한다면 곤란하지요" 하

고 불만스러운 얼굴이었다. "한 그루의 나무에도 각각 뜰과의 궁합 같은 것이 있는데, 또 정원사의 솜씨 같은 것은 무시해도 좋다는 듯한 태도여서 그냥 도망쳐 버렸습니다" 하고 말하는 것이었다.

친구는 물론 값을 깎을 생각으로 물어본 것은 아니겠지만, 정원사의 심정을 듣고 보니까, '묻는 것'은 상대방에게 무엇인가를 '말하는 것'도 되는 대화의 심리의 어려움을 새삼스럽게 느꼈다.

'묻는 것'과 '말하는 것'의 어려움

비슷한 경험이 또 하나 있다. 중국의 다롄에 갔을 때의 일이다. 다롄 대학의 교수이면서 일본 문학에 정통한 사람이 일본어 책을 읽고 있다가 거기에 나오는 사람의 이름을 모르겠다면서 질문을 했다. 그때 함께 있던 사람도 일본의 대학 교수이고, 학식이 깊은 분이었다. 아마도 그 중국인 교수는 나에게 질문을 한 것이 아니라, 그 교수를 보고 질문을 한 것 같았다.

그런데 우연히 나도 그 이름을 알고 있었기 때문에 그 자리에서 즉시 주제 넘게 대답을 하고 말았다. 마치 시험에서 예상했던 문제가 나와서 딱 맞춘 것 같은 기분이었다.

그 이후 그 일본인 교수한테 놀림을 받거나 과대평가당하거나 해서 나는 식은땀을 흘리곤 한다. 그리고 이야기하는 것이나 묻는 것에 잠깐 한 템포 사이를 두는 것의 중요성을 깨닫게 되었다. 성급한 성격의 나는 한 템포 사이를 두고 말하는 것을 잘 하지 못해서 다른 사람이 이야기하려고 하는 말머리를 자주 가로막곤 한다.

딸아이도 나와 비슷한 문제를 일으켰다. 도쿄에서 야마구치 현으로 이사를 와서 전학을 했을 때의 일이다.

어느 날, 학교에서 돌아오더니 "엄마, 이곳 학교의 영어 선생님은 좀 이상하세요. 질문을 하면 화를 낸다니까요" 하고 말했다.

모녀 지간이니까 대화하는 태도가 비슷한 모양이다. 그래서 내가 경험했던 일을 생각해보았다. 딸은 선생님이 무엇인가를 설명했을 때, 사이를 두지 않고 질문한 것이 틀림 없었다.

인간은 '느닷없는 것' 에 저항한다고들 말한다. 이야기가 끝나자마자 숨쉴 사이도 없이 질문을 받은 선생님에게는 말꼬리를 잡고 늘어지는 것 같은 느낌이 들었을 것이다.

딸에게 "내일은 조금 사이를 두었다가 우물쭈물하며 질문해 보렴. '저어' 라든가 '에에~' 하는 느낌으로 말야" 하고 말했더니, 그 다음날, "오늘은 괜찮았어요" 하고 말했다.

이야기할 때 한 템포 사이를 두라고 하면 무엇인가를 브리핑할 때 그렇게 하라는 것으로 생각할 지도 모르지만, 대화를 할 때 말이 상대방의 가슴에 떨어지는 속도는 이야기하는 사람과 듣는 사

람 사이에 서로 다르므로 거기에 숨쉴 사이가 필요하다.

연수 강사가 될 때 배운 교육 자료에, "연수생은 강사와 함께 시작하지 않는다"는 문구가 있었다. "내일은 이 테마로 이야기를 해야지" 하고 준비해 온 강사와 "오늘은 또 무슨 연수일까, 이 바쁠 때에?" 하고 투덜거리면서 참석하는 수강생 사이에 시간차나 열성(熱誠)의 차이가 있는 것은 당연하다. 이야기하는 사람에게는 듣는 사람의 상황을 잘 살펴보고, 한 템포 사이를 두고 대화하는 습관이 필요하다.

듣는 사람의 동작이 전하는 것

부하는 상사에게 이야기를 할 때, 긴장하고 있는 탓이겠지만, 상당히 세밀한 것까지 관찰하면서 이야기를 계속하거나 멈추거나 한다. 그러한 부하의 말이 여러 가지 것을 가르쳐준다.

장황스러운 보고를 하고 있던 부하가 돌연, "나중에 하겠습니다" 하고 말하길래 "왜 그래요?" 하고 나도 모르게 물으니까, "모두들 말하고 있습니다. 우메시마 씨가 남의 이야기를 듣고 있을 때, 손가락으로 똑똑 하고 책상을 두드리기 시작하면 그만둘 때라고요" 하는 것이었다.

그 말을 듣고 비로소 내 행동을 깨달았다. 흥미로워져서 내가 이야기를 듣고 있을 때에 발신하는 시그널에 대해 물어보았더니, 참으로 많은 대답이 되돌아왔다.

나는 이야기하는 사람을 불쾌하게 만드는 동작을 수없이 많이 한다는 것이다. 예를 들면, 자료 정리를 하고 있거나, 눈동자를 여기저기로 움직이거나, 이야기하는 사람의 얼굴을 똑바로 보지 않거나, "요컨대"라든가 "그러니까" 하고 상대방의 이야기를 요약하기 시작하거나, 시계를 들여다 보거나, "그랬군요" 하는 맞장구가 아니라 "하지만"이라든가 "그래도" 하는 맞장구를 치는 등 이제 그만하라고 말하고 싶을 정도로 예를 많이 들어 주었다.

남의 이야기를 잘 들어주는 친구가 문득 생각난다. 이쪽의 이야기에 놀래 주거나 동의해 주거나, "정말야, 나도 그렇다니까" 하고 긍정을 해주는 데다가, 표정이나 동작이 멋지다. 함께 기뻐해 주고 이야기에 공감을 나타내 준다. "그래서…" 하고 뒤를 재촉하는 말을 할 때는 표정까지 이쪽의 이야기를 몽땅 빨아들이는 것 같다.

그 친구를 보면 '이 사람은 천성이 남의 이야기를 잘 듣도록 타고났나봐' 하는 생각이 들지만, 그 밑바닥에 만족할 줄 모르는 호기심과 인간에 대한 애정이 있다는 것을 알 수 있다. 아마도 그녀의 풍부한 인맥은 남의 이야기를 잘 들어주는 그 성격 때문일 것

이다.

책을 읽는 것도 중요하지만 남의 이야기를 잘 듣고, 그 사람의 지혜를 발굴해내고, 타인의 지식이나 경험, 감정 등을 가르쳐주는 '잡담'은 중요한 귀 학문의 장이다.

어떤 사장의 인사와 메모

어떤 기업과 연수 관계로 오랫동안 접촉을 하던 때의 일이다. 회사 안을 걷고 있는데, 저쪽에서 사장이 다가왔다. 그런데 사장은 1.5m가량 접근해 온 곳에 멈춰 서서는 두 다리를 모으고 정중하게 "선생님, 늘 신세를 집니다" 하고 인사를 했다. 이쪽에서 보면 사장 쪽이 고객인데도, 두 다리를 모으고 멈춰 서서 기다리고 있는 자세에 그만 감격을 하고 말았다.

송구해하는 나에게 "시간이 있으시면 여러 가지로 이야기를 좀 들려 주십시오" 하고 사장실로 안내하는 것이었다.

그리고 사장은 나에게 사원 교육을 하면서 깨달은 감상이나 관찰에 대해서 물었다. 이 사장은 상냥한 데다가 더구나 질문을 능숙하게 해서 나도 모르게 생각하고 있는 것을 솔직하게 이야기했더니, "정말로 그렇군요. 잠깐 메모를 좀 하겠습니다" 하고 주머

니에서 작은 수첩을 꺼내서 부지런히 메모를 했다.

나는 주눅이 들어서 "사장님, 저는 얼핏 생각나는 것을 말하고 있으니까 그렇게 메모 같은 것은 하지 말아 주세요" 하고 말했더니 "아닙니다. 큰 도움이 되었습니다. 게다가 나는 메모광이랍니다. 1년에 대충 이 수첩으로 5, 6권쯤 메모를 합니다. 메모를 들춰보고 참고로 하고 있지요" 하고 말하는 것이었다.

그리고는 다시 덧붙여서, "우메시마 씨, 당신의 이야기는 집사람의 조언과 비슷합니다. 내가 서툰 점, 그 핵심을 쿡 찌르고 들어오니까요. 여성의 직감은 무섭군요" 하고 웃었다.

사장의 인사하는 태도하며, 남의 이야기를 듣는 태도하며, 메모를 하는 태도하며, 상대방을 소중히 하는 행동은 과연 사장답게 인간 관계 조성의 명인이었다.

상대방이 자신의 이야기를 진지하게 들어주고, 메모를 해주는 것은 참으로 기쁜 일이다. 자신의 의견을 소중하게 들어 준다고 느끼면, 상대방에게 도움이 되는 것을 좀더 많이 말하고 싶어지는 법이다.

메모를 하는 것은 대화할 때의 중요한 행동이다. 단 이 사장이 한 것처럼, 메모를 할 때는 한마디 양해를 구하는 것이 예의이다.

새로운 도구에는 새로운 매너를

대화와 휴대 전화의 매너

휴대 전화의 보급 속도는 경이적이어서 이미 일반 전화의 설치 대수를 웃돌고 있다.

게임기로 자라난 젊은이들, 특히 학생들이 휴대 전화를 다룰 때의 손가락 놀림을 보고 있으면, 그 속도에 경탄하게 된다.

졸업하여 취직하고 직장인이 되었을 때, 그 사용방식에 어떤 매너상의 배려를 하느냐고 몇 사람에게 물어보았다.

많은 사람들이 한결같이, 초면의 사람과 약속을 할 때는 휴대 전화보다는 사무실에서 일반 전화를 사용한다고 대답했다. 그 이유는 음질이나 주위의 소리를 배려하기 때문이라는 것이다.

또 휴대 전화의 번호를 고객에게 묻지 않는다. 고객이 지시한 경우 외에는 설사 명함에 번호를 적어 놓았다 하더라도, 사용할 때는 한마디 양해를 구하고나서 사용한다는 것이다.

새 술은 새 부대에 담는 것처럼, 새로운 도구를 비즈니스에 사용할 때의 대화술에는 새로운 매너가 필요하다.

휴대 전화의 취급 매너 중 하나는 상담중에 마구잡이로 벨이 울리지 않도록 주의하는 것이다.

상담중에 벨이 울려서 이야기를 중단시키고, 고객을 기다리게 하는 영업사원이 있다면 어떻겠는가. 하물며 고객을 기다리게 해 놓고 애기를 계속한다면 영업사원 자격이 없다. 상담에 들어가기 전에 착신 방법을 바꾸던가, 전원을 꺼 놓아야 한다.

휴대 전화는 도구 자체의 역사가 짧기 때문에, 휴대 전화상의 통화 매너가 아직 확립되어 있지 않다. 때문에 수많은 무례한 태도나 문제를 불러일으킨다.

나도 한 번 큰 실수를 한 적이 있다. 일요일에 어딘가로 놀러 나간 손자에게 휴대 전화를 걸었더니 연결이 되지를 않았다. 그런데 저녁때, 집에 돌아온 손자가 "할머니, 오늘 휴대 전화 거셨어요?" 하고 물었다. 그래서 "걸었다" 하고 말했더니, "할머니 때문에 망신당했단 말이에요. 영화관에서 타이타닉의 클라이맥스를 보고 있을 때 전화벨이 요란스럽게 울려서 말이에요" 하고 말하는 것이었다.

지금까지는 손자에게 휴대 전화를 별로 건 적이 없었고, 외출하고 있을 때의 행동 상황을 몰랐기 때문에 "미안, 미안하구나. 하지만 영화관에서 휴대 전화의 전원을 끄지 않은 쪽이 잘못한 거야" 하고 반박했다.

일상생활 속에 갖가지 전자 제품이 보급되면서, 그 하나하나에 어떠한 매너나 에티켓이 필요한가를 생각해보곤 한다.

그러한 보이스 투 보이스 대화에서, 새로운 기기에 대한 주의점에 대해서 생각해보기로 하자.

휴대 전화의 전원을 꺼 놓아야 할 곳은 두 말할 것도 없이 병원, 비행기 안, 전철, 극장 같은 곳이다. 비행기 안에서 이륙중이나 착륙 태세에 들어갔을 때, 휴대 전화를 꺼내서 통화하고 있는 사람을 보면 등골이 오싹해진다.

영화관이나 음악회, 극장, 도서관, 고급 레스토랑 등 모두 때와 장소를 감안해서 휴대 전화의 전원은 끄지 않는다 하더라도 진동 상태로 하든가, 부재자 녹음으로 해서 주위에 폐를 끼치지 않도록 배려를 할 필요가 있다.

부재중에 녹음된 메시지는 자주 확인을 해야 한다. 비즈니스에서는 급할 때 휴대 전화를 걸므로, E-메일이나 부재자 전화라도 "그 사람이라면 별로 시간을 끌지 않고 연락을 할거야" 하고 신뢰받도록 할 필요가 있다.

휴대 전화의 공사(公私)의 구별

휴대 전화의 종류에는 개인명의의 것과 회사에서 지급받은 것이 있는데, 사람에 따라서는 공용과 개인용 2대를 쓰는 사람이 있다.

비즈니스에서는 "이것이 제 휴대 전화 번호입니다" 하고 번호를 가르쳐 주거나, 명함에 번호가 있으면 걸어도 좋겠지만, 그렇지 않은 경우에는 사전에 본인에게 한 번 확인해보는 것이 좋을 것이다.

또 친구가 잠시 자리를 비우거나, "물건을 사 가지고 올 테니까 잠시 기다려 줘" 하고 부탁했을 때, 친구가 놓고 간 휴대 전화의 벨이 울리면 당황하게 된다. 휴대 전화는 상당히 개인적인 것이므로 "휴대 전화 좀 받아 줘" 하고 부탁받지 않은 한, 멋대로 받으면 문제가 생길 수도 있다. 또 부탁을 받았다 하더라도 받을 때는 "네 ○○의 휴대 전화입니다" 하고 본인이 아닌 대리인이라는 것을 알리는 편이 좋을 것이다.

전화는 타인의 시간 속에 침입해 들어가는 것인데, 침입감은 일반 전화보다 휴대 전화 쪽이 강한 것 같다. 하지만 학생들은 주로 휴대 전화로 대화를 주고 받으므로, 그들이 비즈니스의 주역이 될 무렵에는 대화의 도구나 예절도 상당히 달라질지도 모른다.

비즈니스 관계로 전화를 걸 때는 상대방에게 "지금 통화해도

괜찮습니까?" 하고 묻는 것은 상식이지만, 상대방의 휴대 전화에 걸 때는 이것이 한층 더 중요해진다. 그 사람이 지금 길을 걷고 있는 도중인지, 식사중인지, 차를 운전하고 있는지 판단하기 힘들기 때문에 그 점을 배려해야 한다. 또한 용건은 될 수 있는 대로 간단하게 이야기하도록 해야 한다.

새로운 도구가 도입되었을 때

휴대 전화에 한하지 않고, 비즈니스 속에 차례차례로 새로운 정보기기가 도입되고 있다. 텔렉스를 대신해서 팩스가 많이 사용되기 시작했을 때 문서 형식은 어떠해야 하는가, 공문을 팩스로 보내는 것은 실례가 아닌가 등 매너상의 논의가 행해졌다.

오늘날에는 팩스가 널리 보급되어서 매너가 특별히 문제되지 않지만, 그렇기 때문에 오히려 사용 초기 때의 마음의 배려가 잊혀지고 있는 것 같다. 받는 쪽이 이 팩스는 도대체 누구에게 보내는 것인가, 몇 장이나 되는가, 몇 장째가 빠져 있는가 하고 신경을 쓰는 경우도 있다. 따라서 송신 매수와 페이지 번호를 잊지 않도록 해야 한다.

미국의 기업에 서류 등을 보낼 때, E-메일은 각 개인의 데스크에 들어가기 때문에 회답이 빠르지만, 팩스일 경우 수집이나 회부하는 시간이 정해져 있어서 그 회답이 늦어지는 경우도 종종 있다. 그리고 기밀 유지라는 점에서는 팩스는 남의 눈에 띄게 된다. 통신의 다양한 수법이 개발되어 감에 따라서 각각의 도구의 특징이나, 그것을 사용하는 매너에 대해서도 개별적으로 생각할 필요가 생겼다.

노트북 컴퓨터가 보급되기 시작하자 연수 때 그것을 사용하여 노트를 하는 사람이 늘어나거나, 브리핑에 파워 포인트를 사용하여 스크린으로 시각적인 효과를 올리는 등 컴퓨터는 비즈니스 커뮤니케이션의 방법을 큰 폭으로 바꿔 나가고 있다.

인터넷 덕분에 정보 수집이 쉬워졌다. 인트라넷으로 행해지는 사내 통달을 나이든 관리자 가운데는 곤혹스러워하는 사람도 있고, 매일 아침 출근해서 E-메일을 읽는 데 시간을 빼앗긴다거나 미결제 상자가 아주 없어진 것도 아니라고 불평을 하는 사람도 있다.

사원이 메일로 결혼 보고를 직접 해와서 축의금을 보내야 하나 말아야 하나 하고 고민하는 부장도 있고, 퇴직원이 메일로 도착해서 인사담당자가 어처구니없어 하는 등 새로운 통신방법이 에티켓이나 매너의 혼란을 초래하고 있다.

그러한 시대이기 때문에, 인터넷으로 일을 할 때 에티켓에 유의

하라고, '네티켓' 이라는 신조어도 생겨났다.

네티켓에 대해서 다음과 같은 점에 조심을 하기 바란다.

🔹 메일 주소를 정확히 써라.

🔹 적절한 제목을 붙여라.

🔹 용량, 보내는 사람이 갖고 있는 애플리케이션인가 아닌가 등 첨부에 신경을 써라.

🔹 체인 메일을 보내지 말라.

🔹 동보(同報) 메일은 신중하게 보내라.

🔹 수상한 메일(첨부 파일)은 열지 말라.

🔹 메일은 자주 확인하라.

여기에서 언급한 것처럼, 닷점(·) 하나만 틀려도 상대방에게 메일이 도달하지 않는다.

E-메일을 읽는 데 바쁜 상대를 도와주는 의미에서라도, 제목은 내용을 알 수 있도록 쓰는데, 상대방이 이것을 즉시 읽을 것인가, 나중에 읽어도 괜찮을까 하는 판단을 쉽게 할 수 있도록 작성한다. 본문도 가능한 한 짧게 하고, 반신이라면 무슨무슨 건이라고 그 내용을 상대방이 얼른 알 수 있도록 한다.

내가 받은 메일 가운데는 이쪽에서 보낸 용건이 메일의 본문 뒤

에 참고로 붙어 있다. 그것은 반드시 전문은 아니고, 필요한 면만 발췌한 경우도 있다. 받은 쪽에서 일부러 파일을 꺼내 보지 않아도 되니까 대단히 편리하다.

언젠가 첫손자를 본 할아버지가 여러 장의 사진을 인터넷으로 보내주었다. 아직 ISDN으로 하지 않은 우리 집의 컴퓨터는 그것을 수신하는 데 시간이 걸려서, 마치 컴퓨터가 "무겁다. 무겁다" 하고 비명을 지르고 있는 것 같았다. 최근은 속도가 빨라진 회선도 늘어났으나, 받는 쪽의 상황에 따라 좌우된다.

때때로 문자의 모양이 이상해지거나 행바꿈이 이상하게 된 E-메일이 도달한다.

E-메일도 대화이므로 받는 쪽의 기기나 상황, 애플리케이션 등에 대해서 잘 알고난 다음에 사용해 주기 바란다. 한때 크게 유행한 '행운의 편지' 같은 체인 메일은 곤란하다. 게다가 바이러스를 매개할 지도 모른다. 동보 메일은 타인의 주소를 경솔하게 열어보지 않는 배려가 필요하고, 수상한 메일(첨부 파일)을 열지 않는 것은 바이러스를 막기 위한 상식이다.

또 휴대 전화의 부재자 녹음과 마찬가지로 E-메일도 매일 정시에 체크하지 않으면 모처럼의 편리한 도구가 의미가 없는 것이 되고 만다.

대화로 마음의 유대를 맺는다

언젠가 어떤 사람이 지금의 젊은이는 자유의 동산에 울타리가 없어서 곤란해하고 있다고 말했다. 재미있는 말이기 때문에, 그것에 자극받고 생각한 것이 비즈니스맨은 전파와 종이의 정보 속에 깊이 빠져서 이따금 목적을 잃고 있는 것이 아닌가 하는 것이다.

젊은이의 행동을 보면, 인터넷에 오랜 시간을 쓰고 있다. 비즈니스맨도 예외는 아니다. IT시대는 알고 싶은 것이 실시간으로 손에 들어와서, 책상 위에서 입체적으로 세계를 체험할 수가 있다.

그것은 편리하고 멋진 일이지만, 어느 틈엔가 정보의 노예가 되어서 자신이 무엇을 구하고 있었는지 알지 못하게 될 우려가 있다. 따라서 현장으로 가서 자기 자신의 피부로 느끼는 정보, 눈으로 확인하는 정보, 귀로 직접 듣고 수집하는 정보를 위해서 시간을 써야 한다.

정보는 머리로는 알고 있어도 다음 단계는 피부로 느끼는 것이 필요하다.

현장에서 실제로 무엇인가 하고 있는 사람들과의 대화에서 얻은 이야기는, 그 사람들의 인간관을 통해서 나온 정보이기 때문에 그 사람 나름대로의 가공을 하고 있다. 그 가공의 방식에 흥미를 갖고, 그것에 대해서 듣거나 이야기하거나 하면 사물을 보는 관점이 넓어지고 상대의 아이디어와 자신의 아이디어의 상승 효과를 얻을 수가 있다.

남과 깊은 대화를 함으로써 IT시대의 디지털 정보를 아날로그 정보로 번역하는 즐거움을 맛볼 수가 있다.

대화의 폭이 더욱 넓어진다

비즈니스든 집안에서의 생활이든 대화는 다양한 새로운 도구의 개발로 빠르고 편리해졌다. 그러나 그 중심에 위치하는 것은 인간과 인간의 대화의 즐거움, 기쁨, 유대를 깊이해가는 인간의 마음이다. 이 세상이 아무리 글로벌화해도, 우주에 가도 인간의 마음을 전하는 대화술은 어느 시대에나 중요하다고 생각한다.

앞으로 더욱 더 IT 관계의 기기는 직장이나 가정의 일을 추진하는 수단으로서 생활 속에 파고 들어올 것이다. 그 기기들은 빠르게 효율적으로 많은 정보를 수집해 주겠지만, 그것만으로는 마음이 메마르게 되므로 타인과의 마음이나 정의 직접적인 접촉이 그리워진다. 다른 사람과의 대화는 메마른 마음을 적셔 준다.

많은 사람들과 만나고, 이야기를 듣고, 현장에 가서 피부로 느끼고 스스로 사고하는 행동이 그 사람의 유연한 감성을 키워 준다. 젊은이들은 자신의 오리지널한 생각을 이야기하는 관리자나 리더에게 매력을 느끼고 모여든다.

21세기에는 우주 정거장 같은 곳에서 일하는 사람들이 더 늘어 갈 것이다. 그러한 시대 속에서도 우리들의 비즈니스나 생활은 아무리 정보 기술이 발전하더라도, 사람들이 서로를 신뢰하고 진심을 다한 대화로 따뜻한 유대 관계를 맺어져 갈 것이라고 믿는다.

그러므로 대화술을 계속 배워 나가기를 바란다.

　　이 책은 사람들이 직장이나 집안에서 언제나 주고받고 있는 일상의 화제를 모아 놓은 것이다. 그러므로 모두들 알고 있는 것, 누구나 비슷한 경험을 했으리라고 생각되는 것들뿐이다.

　"이야기 듣는 것을 소중히 하자"고 하는 의미의 표제에는, 나의 자숙의 감정도 들어가 있다. 어렸을 때, 아버지는 나에게 '55분'이라는 별명을 붙여 주셨다. 아버지의 말씀에 의하면, 상대방이 5분 이야기하면 나머지 55분은 나 혼자 떠들어댄다는 것이다.

　결혼 후에 나는 주일 미군에서 관리자 교육의 트레이너로 다시 취직했다. 그 일은 사람들 앞에서 이야기를 하는 것이었다. 그 이후 40년간 줄곧 같은 일을 해왔으니 아무래도 남의 이야기를 듣는 것보다는 내가 지껄이는 쪽이 많아질 수밖에 없다. 또 타고난 성격도 이러한 행동을 부추기고 있다.

　"이래서는 안 된다. 남의 이야기를 듣는 쪽으로 돌아가지 않으면 안 된다"고 노력하지만, 정신을 차려 보면 어느 틈엔가 내가 이야기를 하고 있어서 황급히 듣는 쪽이 되면, 이번에는 상대방에게 끊임없이 질문을 해 상대방으로부터 "또 우메 씨에게 당했다"는 말을 듣는다.

부하들이 "우메 씨와 영업을 함께 나갈 때는 조심해야 해. 여러 가지 질문을 받고 자기도 모르게 속마음을 털어놓게 되니까" 하고 말하고 있는 것을 알고, 이야기하는 것보다 듣는 것이 한층 더 어렵다고 생각하고, 즐겁고 마음이 훈훈해지는 대화, 의미가 있는 정보의 교환, 풍부한 감정이나 지혜를 전달하는 것의 필요성과 중요함을 통감했다.

트레이너가 되었을 때, 최초의 연수 대상자는 나이도 경험도 나보다 훨씬 풍부한 부두 노동자들의 관리자들이었다.

연단 위에 서서 강의를 하는 것이 무서워서 벌벌 떨면서, "나는 관리 경험도 없고 나이도 여러분보다 훨씬 아래입니다. 그러니까 가르치는 것이 아니고, 여기에 가지고 있는 텍스트의 내용을 열심히 정확하게 전할 테니까, 여러분이 도와주기 바랍니다" 하고 솔직하게 부탁했더니, "마음에 들었어, 아줌마!" 하고 호응해 주어서 단숨에 마음이 편해졌다.

그때부터 상호 교류감이 있는 대화가 시작되었던 기억이 난다. 대화를 할 때는 자신의 상태나 감정을 솔직하게 털어놓으면 상대방도 마음을 열어 준다는 것을 알았다.

우리들의 연수의 일은, 상품을 손님에게 사전에 구체적인 형태로 보여줄 수가 없다. 담당하는 강사의 능력이나 인품을 카탈로그처럼 그려내는 것도 곤란할 것이다. 영업부는 틀림 없이 고생하면서 일을 하고 있으리라고 생각하지만, 성공하는 영업사원을 보면, 청산유수처럼 떠드는 사람보다는, 남의 이야기 듣는 것을 잘 하는 사람 쪽이 많은 것 같다.

　연수의 일은 대화로부터 시작된다. 지금까지도 손님이나 회사 사람들, 친구들이 이야기를 들어 주고 흥미를 나타내고 감정을 이해해 주어서, 대화의 캐치볼이 생겨나고 그것이 오랫동안 일을 계속해 나가는 데 지지와 격려가 되었다.

　많은 사람들이 시간이나 노력을 아끼지 않고 교류해 주고, 그러한 사람과 사람의 유대 덕분에 일을 할 수가 있었고, 그 속에서 만났던 여러 가지 이야기나 추억을 이 책에 담았다.

　동서양을 불문하고, 일을 지지해 주고 생활의 고비에서 조언해 주는 존재는 나 자신을 둘러싼 사람들이다. 앞으로도 사람들과의 만남을 소중히 하고 즐거운 대화를 계속해 나가려고 한다.

　이 책이 완성되기까지 많은 분들의 신세를 졌다. 특히 요시다 유키코 씨에게는 처음부터 끝까지 파트너로서, 몸과 마음뿐만 아니라 에너지를 몽땅 쏟아 넣어 주어서 뭐라고 감사의 말을 해야 할지 모르겠다. 또 자료 제공 및 조언을 해준 다케다 사치코 씨나 스도우 다다오미 씨, 쓰지다테 유코 씨, 그리고 이 책이 완성될 때까지 끈질기게 격려해주신 일본 경제신문사 출판국의 노자와 세이코 씨, 여러분에게 깊이 감사를 드린다.

우메시마 미요

이익이 되는 말

손해가 되는 말

2001년 10월 5일 제1판 1쇄 인쇄
2001년 10월 10일 제1판 1쇄 발행

지은이/우메시마 미요
옮긴이/정성호
펴낸이/강선희
펴낸곳/가림출판사
기획위원/강경무 · 김충호 · 석종복 · 이창석 · 지창영
기획 · 편집/장연수 · 이선희 · 김진호 · 홍경숙 · 손일호 · 이정아
홍보/한국종
마케팅/강명희

등록/1992. 10. 6. 제4-191호
주소/서울시 광진구 구의동 57-71 부원빌딩 4층
대표전화/458-6451   팩스/458-6450
홈페이지 http://www.galim.co.kr
e-mail galim@galim.co.kr
천리안 ID galimmb

ⓒ 가림출판사, 2001

값 9,000원

ISBN 89-7895-096-5 13320

가림출판사 · 가림M&B에서 나온 책들

바늘구멍
켄 폴리트 지음 · 홍영의 옮김

미국 추리작가 협회의 최우수 장편상을 받은 초유의 베스트 셀러로 전쟁을 통한 두뇌싸움을 치밀하고 밀도 있게 그려낸 추리소설. 신국판 / 342쪽 / 5,300원

레베카의 열쇠
켄 폴리트 지음 · 손연숙 옮김

최고의 모험, 폭력, 음모 그리고 미국적인 열정 속에 담긴 두 남녀의 사랑이야기를 독자들의 상상을 뒤엎는 확실한 긴장감으로 마지막까지 흥미진진한 켄 폴리트의 장편 추리소설.
신국판 / 492쪽 / 6,800원

암병선
니시무라 쥬코 지음 · 홍영의 옮김

금세기 최대의 난적인 암을 퇴치하기 위해 7대양을 누빌 암병선을 무대로 인간생명의 존엄성을 지키기 위해 불의와 맞서는 시라도리 선장의 꿋꿋한 의지와, 애절한 암환자들의 심리가 선명하게 묘사된 근래 보기드문 걸작. 신국판 / 300쪽 / 4,800원

첫키스한 얘기 말해도 될까
김정미 외 7명 지음

이 시대의 젊은 작가 8명이 가슴속 깊이 간직했던 나만의 소중한 이야기를 살짝 털어놓은 상큼한 비밀 이야기.
신국판 / 228쪽 / 4,000원

사미인곡 上 · 中 · 下
김충호 지음

파란만장한 일생을 보낸 정철의 생애를 통해 난세를 살아가는 우리에게 삶의 지혜와 기쁨을 선사하는 대하 역사 소설.
신국판 / 각 권 5,000원

이내의 끝자리
박수완 스님 지음

앞만 보고 살아가는 우리에게 자신을 뒤돌아볼 수 있는 여유를 갖게 해주는 승려시인의 가슴을 울리는 주옥 같은 시집.
국판변형 / 132쪽 / 3,000원

너는 왜 나에게 다가서야 했는지
김충호 지음

세상에 대한 사랑의 아픔, 그리움, 영혼에 대한 고뇌를 달래야 했던 시인이 살아있는 영혼을 지닌 이들에게 전하는 사랑의 메시지. 신국판변형 / 124쪽 / 3,000원

세계의 명언
편집부 엮음

위인이나 유명인들의 글, 연설문 혹은 각 나라에서 전해져 오는 속담을 통하여 지난날을 되새겨보는 백과전서로서, 오늘을 반성하는 교과서로서, 그리고 미래를 설계하는 참고서로서 역할을 해줄 것이다. 신국판 / 322쪽 / 5,000원

여자가 알아야 할 101가지 지혜
제인 아서 엮음 · 지창국 옮김

남녀가 함께 살면서 경험으로 터득한 의미심장하면서도 재미있는 조언들을 발췌한 내용으로 독신의 삶을 청산하려는 이들이 알아야 할 유용하고 상상력 풍부한힌트로 가득찬 감동의 메시지이다. 4 · 6판 / 132쪽 / 5,000원

현명한 사람이 읽는 지혜로운 이야기
이정민 엮음

현대를 살아가는 우리들에게 삶의 가치를 부여해주고 자기 성찰의 기회를 갖게 해준다. 신국판 / 236쪽 / 6,500원

성공적인 표정이 당신을 바꾼다
마츠오 도오루 지음 · 홍영의 옮김

고통스러울 때, 괴로울 때, '그럼에도 불구하고'의 스마일을 통해 자신뿐만 아니라 주위 사람들의 마이너스 사고를 플러스 사고로 바꾸어서 사람의 마음을 움직이며, 그리고 사람의 마음에 남는 최고의 웃는 얼굴을 만드는 비법 총망라!
신국판 / 240쪽 / 7,500원

태양의 법
오오카와 류우호오 지음 · 민병수 옮김

불법 진리 사상의 윤곽과 그 목적 · 사명을 명백히 함으로써 한 사람 한사람의 인간이 깨달음을 추구하고 영적으로 깨우치기 위한 명확한 방향을 제시하였다. 신국판 / 246쪽 / 8,500원

영원의 법
오오카와 류우호오 지음 · 민병수 옮김

일찍이 설해졌던 적도 없고 앞으로도 설해지지 않을 구원의 진리를 한 권의 책에 이론적 형태로 응축한 기본 삼법의 완결편.
신국판 / 240쪽 / 8,000원

옛 사람들의 재치와 웃음
강형중 · 김경익 편저

옛 사람들의 재치와 해학을 통해 한문의 묘미를 터득하고 한자를 재미있게 배우며 유머감각까지 높일 수 있는 일석삼조의 효과 만점. 신국판 / 316쪽 / 8,000원

지혜의 쉼터
쇼펜하우어 지음 · 김충호 엮음

쇼펜하우어의 철학체계를 통하여 풍요로운 삶의 지혜를 얻고 기쁨을 얻을 수 있도록 꾸며 놓은 철학이야기.
4 · 6양장본 / 160쪽 / 4,300원

헤세가 너에게
헤르만 헤세 지음 · 홍영의 엮음

순수한 애정과 자유를 갈구하는 헤세의 아름다운 세상을 통한 깨끗한 정신세계를 공유할 수 있는 기회를 제공.
4 · 6양장본 / 144쪽 / 4,500원

사랑보다 소중한 삶의 의미
크리슈나무르티 지음 · 최윤영 엮음

금세기 최고의 사상가이자 철학자인 크리슈나무르티가 인간의
정신적 사고의 구조와 본질을 규명하여 인간의 삶에 대한 가장
완벽한 해답을 제시. 신국판 / 180쪽 / 4,000원

장자-어찌하여 알 속에 털이 있다 하는가
홍영의 엮음

동양 사상의 저변에 흐르고 있는 자연에의 경외감을 유감없이
표현한 장자를 통하여 인간 본연의 자세로 돌아가 나를 돌아보
는 계기를 만들어 주는 책. 4 · 6판 / 180쪽 / 4,000원

논어-배우고 때로 익히면 즐겁지 아니한가
신도희 엮음

인간에게 필요불가결한 윤리와 도덕생활의 교훈들을 평이한 문
체로 광범위하게 집약한 논어의 모든 것!!
4 · 6판 / 180쪽 / 4,000원

맹자-가까이 있는데 어찌 먼 데서 구하려 하는가
홍영의 엮음

반성과 자책을 통해 잃어버린 양심을 수습하고 선으로 복귀할
것을 천명하는 맹자 사상의 집대성!! 4 · 6판 / 180쪽 / 4,000원

식초건강요법
건강식품연구회 엮음 · 신재용(해성한의원 원장) 감수

가장 쉽게 구할 수 있고 경제적인 식품이면서 상상할 수 없을 정
도로 뛰어난 약효를 지닌 식초의 모든 것을 담은 건강지침서!
신국판 / 224쪽 / 6,000원

아름다운 피부미용법
이순희(한독피부미용학원 원장) 지음

피부조직에 대한 기초 이론과 우리 몸의 생리를 알려줌으로써
아름다운 피부, 젊은 피부를 오래 유지할 수 있는 비결 제시!
신국판 / 296쪽 / 6,000원

버섯건강요법
김병각 외 6명 지음

종양 억제율 100%에 가까운 96.7%를 나타내는 기적의 약용버섯
등 신비의 버섯을 통하여 암을 치료하고 비만, 당뇨, 고혈압, 동
맥경화 등 각종 성인병 예방을 위한 생활 건강 지침서!
신국판 / 286쪽 / 8,000원

성인병과 암을 정복하는 유기게르마늄
이상현 편저 · 민형기 감수

최근 들어 각광을 받고 있는 새로운 치료제인 유기게르마늄을
통한 성인병, 각종 암의 치료에 대해 상세히 소개.
신국판 / 304쪽 / 7,000원

난치성 피부병
이정희 지음

현대의학으로도 치유불가능했던 난치성 피부병인 건선 · 아토피
(태열)의 완치요법이 수록된 건강 지침서.
신국판 / 224쪽 / 7,000원

新 방약합편
정도명 편역

약물의 성질과 효능을 쉽게 꾸며 놓아 자신의 병을 알고 증세에
맞춰 스스로 처방을 할 수 있는 가정 한방 주치의 역할을 해준
다. 증상과 처방에 따라 가정에서 조제할 수 있는 보약 506가지
수록. 신국판 / 416쪽 / 15,000원

자연치료의학
오홍근(신경정신과 의학박사 · 자연의학박사) 지음

대한민국 최초의 자연의학박사가 밝힌 신비의 자연치료의학으
로 자연산물을 이용하여 부작용 없이 치료하는 건강 생활 비법
공개!! 신국판 / 472쪽 / 15,000원

약초의 활용과 가정한방
이인성 지음

현대과학이 밝혀낸 약초의 신비와 활용방법을 수록하여 가정에
서도 주변의 흔한 식물과 약초를 활용하여 각종 질병을 간편하
게 예방 · 치료할 수 있는 비법제시. 신국판 / 384쪽 / 8,500원

역전의학
이시하라 유미 지음 · 유태종 감수

일반상식으로 알고 있는 건강상식에 대해 전혀 새로운 관점에서
비판하고 아울러 새로운 방법들을 제시한 건강 혁명 서적!!
신국판 / 286쪽 / 8,500원

이순희식 순수피부미용법
이순희(한독피부미용학원 원장) 지음

자신의 피부에 맞는 관리법으로 스스로 피부관리를 할 수 있는
방법을 제시하고 책 속 부록으로 천연팩 재료 사전과 피부 타입
별 팩 고르기. 신국판 / 304쪽 / 7,000원

21세기 당뇨병 예방과 치료법
이현철(연세대 의대 내과 교수) 지음

세계 최초 유전자 치료법을 개발한 저자가 당뇨병과 대항하여
가장 확실하게 이길 수 있는 당뇨병에 대한 올바른 이론과 발병
시 대처 방법을 알기 쉽게 상세히 수록! 신국판 / 360쪽 / 9,500원

신재용의 민의학 동의보감
신재용(해성한의원 원장) 지음

주변의 흔한 먹거리를 이용하여 신비의 명약이나 보약으로 활용
할 수 있는 건강 지침서로서 저자가 TV나 라디오에서 다 밝히지
못한 한방 및 민간요법까지 상세히 수록!!
신국판 / 476쪽 / 10,000원

치매 알면 치매 이긴다
배오성(백상한방병원 원장) 지음

자연의 생기를 빨아들이면서 마음을 다스리는 B.O.S.요법으로
뇌세포의 기능을 활성화시키고 엔돌핀의 분비효과를 극대화시
켜 증상에 맞는 한약 처방을 병행하여 치매를 치유하는 획기적
인 치유법을 한의학 가문의 비방을 3대째 이어오고 있는 저자가
이해하기 쉽게 제시하였다. 신국판 / 312쪽 / 10,000원

21세기 건강혁명 밥상 위의 보약 생식
최경순 지음

항암식품으로, 아름다운 몸매를 유지하면서 할 수 있는 다이어

트식으로, 젊고 탄력적인 피부를 유지할 수 있게 해주는 자연식
으로의 생식을 소개하여 현대인들의 건강 길라잡이가 되도록 하
였다. 신국판 / 348쪽 / 9,800원

기치유와 기공수련

윤한홍(기치유 연구회 회장) 지음

기 수련을 통해 길러지는 기치유는 누구나 노력만 하면 개발할
수 있고 활용할 수 있는 능력임을 강조하는 저자가 기 수련 방법
과 기치유 개발 방법을 자세하게 소개하고 있다.
신국판 / 340쪽 / 12,000원

만병의 근원 스트레스 원인과 퇴치

김지혁(김지혁한의원 원장) 지음

현대를 살아가는 사람들에게 스트레스는 피할 수 없는 존재. 만
병의 근원인 스트레스를 속속들이 파헤치고 예방법까지 속시원
하게 제시!! 신국판 / 324쪽 / 9,500원

김종성 박사의 뇌졸중 119

김종성 지음

우리나라 사망원인 1위. 뇌졸중 분야의 최고 권위자인 저자가
뇌졸중의 예방에서 치료법까지 상세하게 제시한 건강서. 일상생
활에서의 건강관리부터 환자간호에 이르기까지 뇌졸중의 모든
것을 수록. 신국판 / 356쪽 / 값 12,000원

성장클리닉 (배오성)	**사혈요법** (정지천)
모발클리닉 (장정훈)	**홍채학** (김성훈)
항암식품 (신재용)	**발건강학** (최미희)
카이로프랙틱 (이승원)	**간클리닉** (전재웅)
녹차와 건강 (석자연스님)	**자연피부미용** (이순희)
쉽게 쓴 암이야기 (이준기)	**생활인의 선체조** (혜원스님)

의 레저스포츠 분야로 나눠 체육학을 전공하는 학생들 및 일반
인들이 관심있는 부분까지 총망라!! 신국판 / 340쪽 / 10,000원

퍼펙트 MBA

IAE유학네트 지음

기존의 관련 도서들과는 달리 Top MBA로 가는 길을 상세하고
완벽하게 수록하였으며, 또 톱 비즈니스 스쿨 지원자들에게 있
어 가장 큰 애로사항 가운데 하나인 에세이를 쉽게 작성할 수 있
는 작성법과, 톱 비즈니스 스쿨에 합격한 학생들의 원문도 수록
하여 톱 MBA를 꿈꾸는 지원자들에게 가장 완벽하고 충실한 최
신의 정보를 제공해 줄 것이다. 신국판 / 400쪽 / 12,000원

유학길라잡이 I -미국편

IAE유학네트 지음

미국으로의 유학 · 연수준비생을 위한 알짜배기 최신정보서!!
미국의 교육제도 및 유학을 가기 위해서 준비해야 할 절차, 미국
현지 생활 정보, 최신 비자정보 등을 한 눈에 볼 수 있는 유학길
잡이. 4 · 6배판 / 372쪽 / 13,900원

유학길라잡이 II - 4개국편

IAE유학네트 지음

영어권 국가로의 유학 · 연수준비생을 위한 알짜배기 최신정보
수록!! 영국 · 캐나다 · 호주 · 뉴질랜드의 현지 정보 · 교육제도
및 각 국가별 학교의 특화된 교육내용 완전 수록!!
4 · 6배판 / 348쪽 / 13,900원

조기유학길라잡이.com

IAE유학네트 지음

영어권으로 나이 어린 자녀를 유학보내기 위해 준비중인 학부모
및 준비생들이 반드시 읽어야 할 필독서!!
영어권 나라의 교육제도 및 학교별 데이터를 완벽하게 수록하여
유학정보서의 질을 한 단계 상승시킨 결정판!!
4 · 6배판 / 428쪽 / 15,000원

한방으로 끝내는 영어(고제윤)	**이진법 영어**(이상도)

교　육

우리 교육의 창조적 백색혁명

원상기 지음

자라나는 새싹들이 기본적인 지식과 사고를 종합적 · 창조적으
로 발전시켜 창조적인 사고능력을 배양할 수 있도록 한 교육지
침서. 신국판 / 206쪽 / 6,000원

육아아이디어 263

생활컨설턴트그룹 엮음 · 한양심 옮김

세상에서 가장 예쁘고 소중한 우리 아기에게 언제나 여유로우면
서도 무슨 일이든 척척 처리하는 현명한 신세대 엄마가 되기 위
한 최신 육아 정보 수록! 신국판 / 318쪽 / 6,000원

현대생활과 체육

조창남 외 5명 공저

현 체육대학 체육과 교수들이 저술한 생활체육의 모든것으로 건
강의 개념 및 체력의 개요를 비롯한 각종 현대병의 원인과 예방
및 운동요법에 대한 이론과 요즘 각광받는 골프 · 스키 · 볼링 등

취미 · 실용

김진국과 같이 배우는 와인의 세계

김진국 지음

포도주 역사에서 분류, 원료 포도의 종류와 재배, 양조 · 숙성 ·
저장, 시음법, 어울리는 요리에 이르기까지 일반인의 관심사와
함께 와인의 유통과 소비, 와인 시장의 현황과 전망 등 산업적
부분까지 다루었다.
특히 와인소매점과 레스토랑 종사자들을 겨냥, 와인 판매 요령,
와인의 보관과 재고의 회전뿐만 아니라 고객에게 와인을 권하고
추천할 수 있는 능력, '와인 양조 비밀의 모든 것' 을 동영상으로
제작한 CD까지, 와인의 모든 것이 담긴 종합학습서.
국배변형양장판 / 208쪽 / 30,000원

역리종합 만세력
정도명 편저

피흉취길해 나갈 수 있는 생활의 지침서!!
현존하는 만세력 중 최장 기간을 수록하였으며 누구나 이 책을
보고 자신의 사주를 쉽게 찾아보고 맞춰 볼 수 있게 하였다.
신국판 / 532쪽 / 10,500원

작명대전
정보국 지음

좋은 이름 짓는 원리를 체계적으로 공식화한 "쉽게 짓는 작명법"으
로 독자들 스스로 작명할 수 있도록 한글 소리 발음에 입각한 작명
의 원리를 밝힌 길라잡이서이다.
이름의 획수와 오행의 상생·상극·소리 이 세 가지 이론을 총결하
여 작명의 원리를 쉽게 풀이하였다.　신국판 / 460쪽 / 12,000원

하락이수 해설
이천교 편저

점서학인 하락이수를 직역으로 풀어 놓아 원작자의 깊은 뜻을
원형 그대로 전달하고 원문을 공부하려는 사람들에게 도움이 되
는 해설서이다.　신국판 / 620쪽 / 27,000원

현대인의 창조적 관상과 수상
백운산 지음

관상에는 그 사람의 평생 운명이 담겨져 있다. 관상을 보면 그 사람의 성격
및 운세, 미래의 성공 여부도 예측할 수 있다.
관상학을 터득하여 적절히 운명에 대처해 나감으로써 어느 분야에서든지 성
공적인 삶을 누릴 수 있는 비법을 전해줄 것이다.
신국판 / 344쪽 / 9,000원

대운용신영부적
정재원 지음

운명을 새롭게 변화시켜주는 신비의 영부적!!
수많은 역사와 신비로운 영험을 지닌 1,000여 종의 부적과 저자
가 수십 년간 연구·개발한 200여 종의 부적들을 집대성한 국내
최대의 영부적이다.　신국판 / 750쪽 / 39,000원

사주비결활용법
이세진 지음

컴퓨터와 역학의 만남!! 왕초보자도 한글만 알면 신녹현사주
방정식을 실전에 응용할 수 있다. 운명의 숨겨진 비밀을 꿰뚫어
보는 신녹현사주 방정식의 모든 것을 수록하였다.
신국판 / 392쪽 / 12,000원

컴퓨터세대를 위한 新 성명학대전
박용찬 지음

이름 속에 운명을 바꾸는 비결이 있다. 태어난 아기 이름은 물론
개명·상호·아호 짓는 법까지 사람이 살아가면서 필요한 모든
이름 짓기가 총망라되어 각자의 개성과 사주에 맞게 이름을 지
음으로써 본인의 삶에 이름값을 할 수 있도록 누구나 쉽게 짓는
작명비법을 수록하였다.　신국판 / 388쪽 / 11,000원

길흉화복 꿈풀이 비법
백운산 지음

김일성 사망과 올림픽 유치, 월드컵 공동 개최를 예언하는 등 국
내의 큰 예언을 꿈풀이를 통해서 정확히 맞춰온, 30년이 넘는 세

월을 역학에 몸담으면서 터득한 꿈과 관련된 해몽들이 상세하게
수록되어 있고 길몽과 흉몽을 구분하여 그림과 함께 보기 쉽게
엮었으며, 특히 요즘 신세대 엄마들에게 관심이 많은 태몽이 여
러 가지로 자세하게 풀이되어 있다.　신국판 / 410쪽 / 12,000원

새천년 작명컨설팅
정재원 지음

오랜 세월 철학원을 운영한 저자의 경험을 바탕으로 일반인들도
'참 쉽다' 라는 표현이 저절로 나올 수 있도록 쓰여졌다. 독학으
로 풍수지리학, 사주추명학 및 성명학을 섭렵한 저자의 경험을
되살려, 혼자 배워야 하는 독자들도 정말 이해하기 쉽도록 구성
된 신세대 부모를 위한 쉽고 좋은 아기 이름만들기의 결정판이
다. 더불어 개명·상호명·회사명·상품명까지 체계적으로 원
리화하여 손쉽게 지을 수 있는 작명비법을 제시한다.
신국판 / 470쪽 / 13,000원

백운산의 신세대 궁합
백운산 지음

인간의 운명을 예언하는 역리학의 대가이며, 매스컴을 통하여
잘 알려진 백운산 선생이 남녀궁합 보는 법뿐만 아니라 인간관
계, 출세, 재물, 자손문제, 건강문제, 성격, 길흉관계 등을 미리
규명할 수 있도록 쉽게 풀어놓았다.　신국판 / 304쪽 / 9,500원

동자삼 작명학
남시모 지음

한글 성명만으로 사람의 운세를 예측할 수 있다. 최초의 한글 성
명학으로 한글의 독창성·우수성·과학성을 운명철학 차원에서
검증한, 한국사람에게 알맞은 건물명·상호·물건명 등의 이름
을 자신에게 맞는 한글이름으로 지을 수 있는 작명비법을 제시
한다.　신국판 / 496쪽 / 15,000원

구성학의 기초
문길여 지음

좋지 않은 운(運)을 길운(吉運)으로 바꾸어 운명을 새롭게 변화
시키는 방위학의 모든 것을 통하여 개인의 일생운·결혼운·사
고운·가정운·부부운·자식운·출세운을 성공적으로 이끄는
비법 공개.　신국판 / 412쪽 / 12,000원

여성을 위한 성범죄 법률상식
조명원(변호사) 지음

성희롱에서 성폭력범죄까지 여성이었기 때문에 특히 말 못하고
당해야만 했던 이 땅의 여성들을 위한 성범죄 법률상식서. 사례
별 법적 대응방법 제시.　신국판 / 248쪽 / 8,000원

아파트 난방비 75% 절감방법
고영근 지음

예비역 공군소장이 잘못 부과된 아파트 난방비를 최고 75%까지
줄일 수 있는 방법을 구체적인 법적 근거를 토대로 작성한 아파
트 난방비 절감방법 제시.　신국판 / 238쪽 / 8,000원

일반인이 꼭 알아야 할 절세전략 173선
최성호(공인회계사) 지음

세법을 제대로 알면 돈이 보인다
현직 공인중계사가 알려주는 합법적으로 세금을 덜 내고 돈을 버는 절세전략의 모든 것! 　신국판 / 392쪽 / 12,000원

변호사와 함께하는 부동산 경매 닷컴
최환주(변호사) 지음

경매재테크의 성공을 위한 입찰준비에서 낙찰까지의 경매 입찰 테크닉을 경매 전문 변호사가 명쾌하게 해설한 실전 경매 완벽 가이드서. 　신국판 / 364쪽 / 11,000원

혼자서 쉽고 빠르게 할 수 있는 소액재판
김재용 · 김종철 공저

소액재판 · 지급명령 · 민사조정제도는 변호사의 도움 없이도 나 혼자서 간단하고 빠르게 해결할 수 있는 법정분쟁해결방법이다. 나홀로 소액재판을 할 수 있도록 소장작성에서 판결까지의 실제 재판과정을 상세하게 수록하여 이 책 한 권이면 모든 것을 완벽하게 해결할 수 있다. 　신국판 / 312쪽 / 9,500원

생활법률

부동산 생활법률의 기본지식
대한법률연구회 지음 · 김원중 감수

부동산관련 기초지식과 분쟁해결을 위한 노하우, 테크닉을 제시하고 권두 특집으로 주택건설종합계획과 부동산 관련 정부 주요 시책을 소개하였다. 　신국판 / 480쪽 / 12,000원

고소장 · 내용증명 생활법률의 기본지식
하태웅 지음

독자들이 고소 · 고발의 법적 의미를 정확히 이해하고 스스로 고소 · 고발장을 작성할 수 있도록 예문과 서식을 함께 소개하여 문제 해결에 대응할 수 있도록 하였다. 또 민사소송에 대해서도 자세하게 설명하였으며 부록에는 형법과 형사소송법의 원문을 게재하여 법전 역할까지 할 수 있도록 하였다.
신국판 / 440쪽 / 12,000원

노동 관련 생활법률의 기본지식
남동희 지음

인터넷 노무 상담실을 운영하며 4만여 건 이상의 무료 상담을 계속하고 있는 저자의 상담 사례를 통해 문답식으로 속시원하게 풀어나가는 노동 관련 생활법률 해설의 최신 결정판이다. 아울러 취업규칙 · 단체협약 · 고용보험 관련 여러 가지 서류 및 직장 내 성희롱 예방 지도 지침 등과 같은 노동 관련 양식도 곁들였다. 　신국판 / 528쪽 / 14,000원

외국인 근로자 생활법률의 기본지식
남동희 지음

외국인 연수협력단의 자문위원으로 오랜 시간 실무를 접했던 저자의 경험을 바탕으로 외국인 근로자의 체류자격 및 취업자격 등 법적 문제와 법률적 지위를 상세하게 다루었다.
신국판 / 400쪽 / 12,000원

계약작성 생활법률의 기본지식
이상도 지음

법을 전공하지 않은 사람이라도 국민생활과 직결된 계약법의 기초를 이루는 핵심 기본지식을 체계적으로 쉽게 이해할 수 있도록 했으며, 간단명료한 해설과 더불어 이와 관련된 계약서 작성 예문을 상세하게 예시함으로써 실제 상황에 활용가능하게 하였다. 　신국판 / 560쪽 / 14,500원

지적재산 생활법률의 기본지식
이상도 · 조의제 공저

현대 산업사회에서 중요시되고 있는 특허, 실용신안, 의장, 상표, 저작권, 컴퓨터프로그램저작권 등 지적재산의 모든 것을 체계화하여 한 권으로 요약하였다. 아울러 지적재산 전체를 통틀어 다루되 상호 연관적으로 해설하여 실무에 직접 활용할 수 있도록 하였다. 　신국판 / 496쪽 / 14,000원

부당노동행위와 부당해고 생활법률의 기본지식
박영수 지음

노사관계 이슈 중에서 주요 핵심사항인 부당노동행위와 정리해고 · 징계해고를 중심으로 간단 명료한 해설과 더불어 대법원 판례, 노동위원회에 의한 구제절차, 소송절차 및 노동부 업무처리 지침을 소개하여 실질적인 도움이 되도록 하였다.
신국판 / 432쪽 / 14,000원

주택 · 상가임대차 생활법률의 기본지식
김운용 지음

전세업자들이 보증금 반환소송이나 민사소송, 경매절차까지의 모든 기본적인 흐름을 알 수 있도록 인터넷을 통한 실제 법률 상담을 전격 수록하였다. 이 책을 통하여 사전 분쟁을 막고 많은 시간과 비용 및 정신적 고통까지 당하는 소송이나 강제집행의 단계에 이르지 않고 문제 해결을 할 수 있도록 하였다.
신국판 / 480쪽 / 14,000원

하도급거래 생활법률의 기본지식
김진홍 지음

경제적 약자인 하도급업자를 위하여 하도급거래 관련 필수적인 법률사안들을 쉽게 해설함과 동시에 실무에 필요한 12가지 하도급표준계약서를 소개하여 공정한 하도급거래의 법률자문역할을 할 수 있도록 하였다. 　신국판 / 440쪽 / 14,000원

이혼소송과 재산분할 생활법률의 기본지식
박동섭 지음

이혼과 관련하여 해결해야 할 법률문제들을 저자의 실무경험을 바탕으로 명쾌하게 해설하였다. 아울러 약혼이나 사실혼파기로 인한 위자료문제도 함께 다루어 가정문제로 고민하는 사람들에게 길잡이가 되도록 하였다. 　신국판 / 460쪽 / 14,000원

부동산등기 생활법률의 기본지식
정상태 지음

등기를 하지 않으면 어떤 위험이 따르고, 등기를 하면 어떤 효력이 생기는가! 등기신청은 어떻게 하며, 필요한 서류는 무엇이고, 등기종류에는 어떤 것들이 있는가 등 부동산등기 전반에 걸쳐 일반인이 꼭 알아야 할 법률상식을 간추려 간단, 명료하게 해설하였다. 　신국판 / 456쪽 / 14,000원

기업경영 생활법률의 기본지식
안동섭 지음

사업을 구상하고 있는 사람이나 현재 경영하고 있는 사람 및 관리실무자에게 필요한 법률을 체계적으로 알려줌으로써 성공적인 기업 경영자의 비전을 제시해준다. 하였다. 또한 관련 법률 서식과 서식작성 예문도 함께 소개. 　신국판 / 466쪽 / 14,000원

교통사고 생활법률의 기본지식
박정무 · 전병찬 공저

교통사고 관련 법률문제를 몰라 당황한 나머지 억울하게 피해를
보는 사람들이 많은 점을 고려하여 사고당사자가 쉽게 응용할
수 있도록 단계별 해결책을 제시함과 동시에 사고유형별 Q&A
를 통하여 상세한 법률자문 역할을 하였다.
신국판 / 480쪽 / 14,000원

채권 · 채무 생활법률 (변환철)
부동산 세무 생활법률 (이건우)
호적 · 가사비용 생활법률 (정주수)
제조물책임 생활법률 (강동근)
형사문제 생활법률 (우윤근)
민사분쟁 생활법률 (하태웅)
부도어음 · 수표 생활법률 (하태웅)
재산상속 생활법률(박동섭)
소비자보호 생활법률 (이동규)
가정법원 생활법률 (이명숙)

명 상

명상으로 얻는 깨달음
달라이 라마 지음 · 지창영 옮김

티베트의 정신적 지도자이자 실질적 지도자인 달라이 라마의 수
많은 가르침 가운데 현대인에게 필요해지고 있는 인내에 대해
문답형으로 풀어놓았다. 달라이 라마와 함께 풀어보는 인내에
대한 이야기. 국판 / 320쪽 / 9,000원

처 세

성공적인 삶을 추구하는 여성들에게 우먼파워
조안 커너 · 모이라 레이너 공저, 지창영 옮김

사회의 여성을 향한 냉대와 편견의 벽을 깨뜨리고 성공적인 삶
을 이루려는 여성들이 갖추어야 할 자세 및 삶의 이정표 제시!!
신국판 / 352쪽 / 8,800원

聽 이익이 되는 말 話 손해가 되는 말
우메시마 미요 지음 · 정성호 옮김

상호 교류감이 있는 대화가 인생과 비즈니스를 성공으로 이끈
다. 직장이나 집안에서 언제나 주고받는 일상의 화제를 모아 실
음으로써 대화의 참의미를 깨닫고 비즈니스를 성공적으로 이끌
기 위한 대화술을 키우는 방법 제시!! 신국판 / 304쪽 / 9,000원

화술 (민영욱)
이익을 보는 삶, 손해를 보는 삶 (번역서)